Christian Grenier

Avec un peu d'amour et beaucoup de chocolat

Aminata

oskar
éditeur

« Né quelque part où il ne fallait pas,
j'ai voulu en partir (...)
« Je n'appartiens à aucune nation, ni au pays que j'ai fui ni au pays que je désire rejoindre, encore moins au pays que je traverse. Clandestin. Juste clandestin. Bienvenu nulle part. Étranger partout. »
Éric-Emmanuel Schmitt, *Ulysse from Bagdad.*

Chapitre 1

Aminata, je l'ai rencontrée le jeudi 3 juillet, jour où je partais en vacances chez mes grands-parents, dans le Périgord.

Ce matin-là, je prenais mon temps. En glissant dans mon sac à dos mon journal intime et deux bouquins, j'ai songé : « Tu oublies un truc important mais lequel ? »

J'entends encore ma mère me lancer :

— Emma ? Il est 8 heures ! Tu vas rater ton train !

Exact. J'avais quarante-six minutes pour rejoindre la gare. Je n'ai pas trop paniqué ; on habitait près de la station de métro Porte de Saint-Ouen, et la ligne était directe jusqu'à Montparnasse. À cet instant, la porte de l'appartement s'est ouverte et mon père est entré.

Il revenait d'un colloque de sa banque en province. Enfin, c'est ce qu'il prétendait. Ma mère était sûre qu'il mentait. À l'époque, l'ambiance était à l'orage. Mes parents ont entamé une dispute. J'avais beau y être habituée, j'ai réprimé ma colère, saisi ma valise à roulettes et j'ai fui sans leur dire au revoir.

Mon père a dû me crier : « Embrasse papy de ma part ! »

Papy, c'était son père. À quatre-vingt-six ans, il avait déjà eu deux attaques cardiaques, et ma grand-mère était aux petits soins pour lui.

Je me suis engouffrée dans le métro. Mais en arrivant sur le quai, j'ai vu la rame qui démarrait. La prochaine ne serait là que dans six minutes. Pour tromper mon impatience, j'ai sorti de mon sac le livre que j'avais commencé la veille : *La Modification*. Un truc méga zarbi, aurait dit ma copine Océane. Mais l'autre ouvrage, c'était *Le Mort qui riait*, le dernier roman de Nelson Rapur, que ma mère m'avait recommandé et prêté... Une raison de plus pour ne pas le lire.

Quand je suis arrivée à la gare, j'étais vraiment très en retard. Dès que j'ai aperçu l'arrière de mon TGV, voie 11, j'ai su que je pourrais l'attraper. Mais en passant devant le kiosque à journaux, je me suis souvenue que c'était le premier jeudi du mois. Le jour où paraissait *Jeunes écrits ;* cette revue avait organisé un concours auquel je participais. J'espérais être l'une des trois premières lauréates et avoir mon récit publié.

Pour le savoir, un seul moyen : acheter le magazine !

Après une seconde d'hésitation, c'est ce que j'ai fait.

Et bien sûr, j'ai raté mon train...

Aussitôt, j'ai pensé à mes grands-parents. Ils viendraient me chercher en voiture à la gare de Libourne et y seraient à midi. Je devais les avertir au plus vite... Non : d'abord changer mon billet (voiture 18, place 33) pour un autre, dans le prochain TGV.

Renseignement pris, le suivant (qui partait à 10 h 46) n'avait de places qu'en première classe. J'ai dû m'offrir ce supplément.

Quand j'ai voulu rendre mon billet périmé (et déjà composté) à l'employée, son téléphone a sonné et elle m'a fait signe de partir. Si bien que je me suis retrouvée avec deux billets.

J'ignorais qu'ils allaient m'être très utiles...

★★★

Comme j'avais deux heures à tuer, je suis allée m'installer au buffet, face aux quais. Je me suis commandé un grand crème et j'ai ouvert la revue. Ma nouvelle *(Avec un peu d'amour et beaucoup de chocolat)* était publiée ! J'avais décroché la deuxième place. J'ai eu un moment d'euphorie...

J'étais indépendante, en vacances, et lauréate d'un prix littéraire.

À l'époque, je voulais devenir écrivain. Je le veux toujours. Mais les événements de ce 3 juillet ont... comment dire, différé ce projet ! Dans la vie, des urgences imposent certaines priorités. Et, au lieu de retarder ma vocation, ma rencontre avec Aminata l'a peut-être renforcée, en me livrant de nouvelles armes...

Trois jours avant, j'avais obtenu quarante points d'avance au bac de français. Hélas, je ne partais pas en Bretagne avec ma copine Océane comme je l'espérais, mes parents s'y étaient opposés. Mais j'avais la perspective d'un mois de liberté chez mes grands-parents préférés.

Quand je les ai appelés, personne n'a décroché. Le répondeur s'est déclenché et mon portable a affiché « batterie faible ». C'était ça, l'oubli qui me préoccupait : la veille, j'aurais dû la remettre en charge !

Mes grands-parents avaient déjà quitté leur maison. Sans doute voulaient-ils faire des courses au supermarché de Libourne avant de se rendre à la gare. Pas grave, ils devineraient sûrement que j'avais raté mon train et que je prendrais le suivant...

Après avoir relu ma nouvelle ainsi que les deux autres (à mon avis moins bonnes que la mienne), j'ai rejoint la voiture 11 peu avant 10 h 30. L'entrée était encombrée par une dame âgée qui tentait de hisser une valise. J'ai voulu l'aider et elle s'est rebiffée.

— Laissez donc, mademoiselle, j'y arriverai toute seule !

Parfois, dans le métro ou le bus, on veut gentiment laisser la place à un senior... et il arrive que ça le vexe ! Sauf qu'ici, cette passagère bloquait l'accès au train avec deux valises du même calibre. D'autorité, je les ai saisies l'une après l'autre. Je les ai traînées avec difficulté jusqu'au casier réservé aux bagages encombrants. En me livrant à cette opération, mon attention a été attirée par des taches sombres sur le sol.

Des taches qui aboutissaient à la porte entrouverte des toilettes...

Chapitre 2

Je n'ai prêté aucune attention à la dame, ni aux passagers qui me bousculaient pour gagner leur place. Intriguée, j'ai voulu pousser la porte des toilettes ; elle était entrouverte, mais bloquée au niveau du sol par la lanière d'un sac à dos.

J'ai alors aperçu, assise sur le siège, une jeune fille noire de mon âge qui sanglotait, la tête entre les mains.

— Qu'est-ce que tu fais là ? Tu es malade ?

Elle a levé vers moi des yeux remplis de détresse. Elle semblait épuisée. Elle a baissé la tête pour fondre en larmes.

— Tu as besoin d'un tampon, d'une serviette ?

Elle a secoué la tête. Non, ce n'était pas ça.

— Tu es blessée ? Attends, je vais chercher un contrôleur.

— Non ! Non, surtout pas !

Là, j'ai deviné que c'était plus grave que j'avais cru.

— Je n'ai pas de billet ! Je me suis enfuie... N'appelle pas le contrôleur ! Surtout pas !

Enfuie ? Cette fille n'avait pas l'air d'une criminelle.

— Il faut qu'on te soigne, tu saignes ! Qu'est-ce que... ?

— C'est une hémorragie. Mais je crois que ça s'arrête.

Elle a sorti de sous le siège un mouchoir plein de sang frais. J'ai étouffé un cri.

— On t'a agressée ?

— Non... non, pas exactement.

C'était rocambolesque : on dialoguait par l'intermédiaire d'une porte de W.-C. entrouverte ; pendant ce temps, sans nous prêter attention, les voyageurs me frôlaient (je gênais le passage) pour rejoindre leur siège, c'était leur préoccupation !

Un haut-parleur a diffusé un bref message avertissant que le TGV à destination de Bordeaux allait partir et desservirait « les gares de Saint-Pierre-des-Corps, Poitiers, Angoulême et Libourne ».

— Surtout ne fais rien ! me suppliait la jeune

inconnue. Il faut que je parte, que je quitte Paris !

— D'accord. Mais tu dois sortir d'ici.

J'ai fait glisser la lanière sous la porte et demandé :

— Tu m'aiderais à enlever ton sac ? Tu peux le soulever ?

À deux, on est arrivées à l'extirper ; je l'ai posé à côté des miens, que j'avais entassés au-dessus des deux valises de la vieille dame. Le TGV a démarré au moment où la jeune Black sortait des toilettes. Elle a paru soulagée.

À présent, nous étions en tête à tête dans cet étroit open-space entre les deux W.-C. et les bagages. L'inconnue a passé la main sous son jean ; elle est ressortie poissée de sang. Elle a murmuré :

— Ça s'est arrêté.

— Si tu m'expliquais... comment tu t'appelles ?

Elle a hésité à me répondre, comme si j'avais été une ennemie. J'ai alors remarqué qu'elle était très jolie. La peau de son visage et de ses épaules était d'une étonnante couleur mate, moins noire que cuivrée ; elle avait des yeux sombres ourlés de cils démesurés.

— Aminata.

— Moi, c'est Emma. Dis-moi, ce sang... cette hémorragie ?

— Hier, on m'a opérée. De force.

Elle parlait à voix basse, les yeux baissés. Comme si elle avait honte.

— Comment ça, de force ?

— Je ne savais pas ce qu'on me ferait. On m'a... on m'a cousue.

— Cousue ?

Je n'osais pas comprendre. J'ignorais que ce genre de choses puisse exister* !

— On t'a... quoi ? Mais comment ?

— C'est seulement quand je me suis réveillée que j'ai compris.

— Compris quoi ?

— Que mon frère voulait me ramener dans notre pays pour me marier.

Soudain, son attention a été attirée par les deux contrôleurs qui poinçonnaient les billets des passagers de la voiture 1. J'ai vu Aminata pâlir, se tourner du côté opposé. Comme elle prenait son sac pour fuir, je l'ai retenue.

— Arrête ! Ils te coinceront en tête du convoi. Ce n'est pas en te cachant dans les toilettes que tu leur échapperas.

— Tu crois... qu'ils me ramèneront à Paris ?

* Cette mutilation, une *infibulation*, est encore pratiquée dans certains pays d'Afrique et d'Asie.

Je n'en savais rien. Mais j'étais sûre qu'on la ferait descendre au prochain arrêt. Et que la SNCF voudrait joindre sa famille.

Soudain, j'ai su ce qu'il fallait faire. J'ai sorti un K-way de mon sac.

— Tu t'assoiras dessus, c'est du nylon, il ne risque rien.

— M'asseoir ? Mais où ?

— Place 22, voilà mon billet. J'en ai un autre, ne t'inquiète pas.

Je lui ai donné celui que j'avais acheté deux heures auparavant.

Abasourdie, elle hésitait.

— Vite, suis-moi !

J'ai saisi nos deux sacs à dos, ma valise, et j'ai entraîné Aminata dans la voiture 11. Comme prévu, mon siège, côté couloir, était libre. J'ai dû la forcer à s'asseoir ; son voisin était un garçon vêtu d'un polo jaune qui détonnait avec les vêtements des autres voyageurs. En nous voyant, il a levé la tête de l'écran de son ordinateur.

J'ai adressé à Aminata un sourire complice et je me suis dirigée vers la voiture 12. Toujours une première classe... Après avoir franchi le bar, j'ai traversé toutes les voitures jusqu'à parvenir à celle de tête, la 18. J'ai sorti mon billet périmé.

Comme il fallait s'y attendre, la place 33 était occupée. Les autres sièges l'étaient aussi.

Si j'avais confié ce billet à Aminata, elle n'aurait pas su justifier ce titre de transport périmé. Les contrôleurs auraient jugé son embarras suspect. Moi, j'étais sûre de m'en tirer.

Même si je devais payer une amende, l'essentiel était que cette fille en détresse soit sauvée.

Chapitre 3

Quand j'ai tendu mon billet au contrôleur, il a froncé les sourcils.

— Ce titre de transport n'est pas valable, mademoiselle !

— Je sais monsieur, ai-je bredouillé, mais j'ai raté le TGV de 8 h 46. Comme j'avais composté mon billet, j'ai pris le train suivant.

— Vous n'auriez pas dû. Il fallait échanger votre billet !

J'ai hoché la tête d'un air coupable.

— Ben oui, je l'ai compris quand j'ai vu ma place occupée.

J'ai désigné le siège 33 et le contrôleur a eu une moue exaspérée.

— Ce n'est pas votre place, voyons ! La vôtre était dans le TGV de 8 h 46 !

J'ai approuvé en soupirant. Je devais passer pour une demeurée.

— Qu'est-ce que je dois faire, monsieur ? Je vais voyager debout jusqu'à Libourne, n'est-ce pas ?

— Oui. Et en plus, vous devez acquitter un supplément.

Son collègue est alors arrivé, il avait un autre problème à régler. Mon contrôleur a levé la main vers moi dans un geste qui devait signifier : *Attendez, je reviens, on verra ça plus tard.*

Ils se sont éloignés. J'ai rejoint l'open-space face au casier à bagages où l'unique strapontin était occupé. J'ai sorti *La Modification* de mon sac et, debout, j'ai essayé de me plonger dans l'action... qui se déroulait aussi dans un train ! Impossible de me concentrer. Le sujet du bouquin était moins passionnant que ce qui m'arrivait ce matin. Bon, j'avais résolu le problème d'Aminata. Provisoirement. Parce qu'elle devrait quitter le train à Libourne. Et après, qu'est-ce qu'elle allait devenir ?

J'étais stupéfaite par sa confidence : on l'avait *cousue* ! Comment était-ce possible ?

Après l'arrêt à Saint-Pierre-des-Corps, le

strapontin s'est libéré et j'ai pu m'asseoir. Les contrôleurs n'étaient pas revenus. J'ai renoncé à *La Modification* pour commencer le roman de Nelson Rapur... nettement plus agréable à lire ! À la fois plein d'humour et de réflexion. Le genre d'ouvrages qui donnent l'impression qu'on est plus intelligent – ou meilleur. Sur les conseils de ma mère, j'avais lu plein de récits classiques et difficiles. Parce qu'ils me semblaient obscurs et me mettaient mal à l'aise, leur ton et leur sujet étaient des obstacles infranchissables.

Bien sûr, je mourais d'envie de revenir dans la voiture 11 pour vérifier qu'Aminata allait bien ; mais j'hésitais à abandonner mes bagages (pas question de les trimballer une nouvelle fois !). Et je redoutais de croiser mes contrôleurs.

À midi, j'ai eu une pensée pour mes grands-parents. Mais j'étais impuissante. En colère contre moi. Cette batterie déchargée, quand même, quelle négligence !

Peu après, l'un des contrôleurs est repassé ; j'ai cru qu'il allait me verbaliser. Mais il semblait préoccupé et pressé, il devait avoir d'autres chats plus méchants que moi à fouetter.

Je me suis alors aperçue que le TGV avait ralenti. Puis un haut-parleur a annoncé :

« *À la suite d'un incident technique, tous les*

passagers sont invités à descendre à Angoulême. Des autocars assureront le trajet jusqu'à Libourne, où les voyageurs pour Bordeaux pourront emprunter une navette. »

Allons bon ! Voilà qui n'arrangeait pas mes affaires. J'ai remis mon sac sur mon dos ; j'ai agrippé ma valise et je me suis ruée vers la queue du convoi pour rejoindre Aminata.

Pas simple... Parce qu'un vent de panique s'était emparé des voyageurs. Pendus à leur téléphone portable, ils s'expliquaient avec leurs correspondants. Certains passagers échangeaient d'étranges renseignements : un accident aurait eu lieu sur la ligne, un véhicule se serait écrasé sur la voie... D'autres, comme moi, avaient abandonné leur place ; pressés de quitter le train, ils s'entassaient devant les portes et bloquaient la circulation avec leurs bagages.

Impossible d'atteindre la voiture 11 ! J'ai dû attendre l'arrêt à Angoulême.

Au lieu de me mêler à la foule, j'ai remonté le flot des passagers ; bientôt, j'ai aperçu Aminata et son gros sac à dos.

Quand elle m'a vue, un sourire a illuminé son visage.

— Emma ! Oh, merci, merci ! Mais toi, comment tu as pu... ?

— Aucun problème. Ça va ? Tu ne saignes plus ?

— Non. Tiens, voilà ton K-way.

— Garde-le. Nous allons prendre un bus SNCF pour Libourne.

À son air étonné, j'ai cru deviner qu'elle n'avait pas de destination précise. Que dans l'affolement de sa fuite, elle était montée dans ce TGV au hasard.

Je me trompais.

Dans le dernier des trois cars qui avaient pris les passagers pour Libourne, nous avons pu nous asseoir côte à côte. Aminata examinait ce qui l'entourait.

— Le train ne va pas plus loin ? Qu'est-ce qui s'est passé, Emma ?

— Je n'en sais rien.

Devant nous, un passager s'est retourné pour nous expliquer :

— Il paraît qu'entre Angoulême et Libourne, un camion est tombé sur la voie ; il a causé un grave accident au TGV qui nous précédait. Il y a des blessés. Plusieurs personnes seraient décédées.

Là, j'ai dû pâlir car Aminata m'a demandé :

— On l'a échappé belle, non ?

— Oui... Je devais prendre le TGV d'avant !

— Moi aussi.

D'abord, je n'ai pas pris garde à sa réponse. Je me souvenais que dans le train que j'avais raté, ma place était en tête, voiture 18. Au moment du choc, j'aurais été aux premières loges... et peut-être morte !

— Au fait, j'y pense...

— Quoi ?

— Mes grands-parents... Ils m'attendent à la gare ! Ils doivent être fous d'inquiétude !

— Tu as un portable ?

— Oui, mais il est déchargé !

Notre conversation a dû être interceptée par le passager qui nous avait renseignées. Il s'est retourné et m'a tendu son smartphone.

— Vous voulez les prévenir ?

— Oh oui, merci !

Problème : papy et mamy n'ont jamais eu de portable. Alors j'ai appelé mes parents. La ligne était occupée. Prise de panique, j'ai composé le numéro d'Océane. En entendant ma voix, elle a crié de joie – je l'appelle rarement, je n'ai qu'un petit forfait.

— Bonjour, ma chérie ! Qu'est-ce qui me vaut le plaisir de...

— Océane ? C'est grave. Écoute-moi bien.

Sans lui parler d'Aminata, je lui ai résumé la

situation. Je l'ai suppliée de joindre mes parents pour les rassurer. Et surtout pour qu'ils avertissent mes grands-parents qui devaient m'attendre à la gare.

— OK, ma grande. Je veux bien... mais je ne vois pas comment tes parents pourront les prévenir.

Devant mon désarroi, elle m'a vite affirmé :

— Ne t'inquiète pas. Je vais y réfléchir, je m'occupe de tout !

Elle a raccroché. J'étais presque rassurée. J'ai rendu le smartphone à son propriétaire en le remerciant encore. J'ignorais comment Océane s'y prendrait mais je lui faisais confiance. Elle n'était à court ni de ressource ni d'imagination. Et moi, j'étais impuissante, bloquée dans ce car qui n'avançait pas.

J'ai chuchoté à ma voisine :

— Aminata ? Si tu m'expliquais ce qui t'est arrivé ?

Alors, elle m'a raconté son histoire...

Chapitre 4

Les parents d'Aminata, des bédouins qui élevaient des chèvres, vivaient dans un petit État voisin de la Mauritanie.

Aminata avait trois frères aînés. Sept ans auparavant, leur père était mort dans des circonstances dramatiques que ni sa mère ni ses frères n'avaient jamais voulu lui révéler.

— J'avais dix ans quand nos difficultés ont commencé. On habitait un village ; on était pauvres mais je ne le savais pas. Les voisins, les parents, les cousins, tout le monde était gentil avec moi. C'est là que j'ai passé les plus belles années de ma vie. Aujourd'hui encore, je rêve de collines, de chèvres qui gambadent dans la brousse... À l'époque, j'étais comme elles : insouciante et libre.

Son regard était humide et lointain. J'ai imaginé le décor de son enfance perdue et ma gorge s'est serrée malgré moi. Sans le savoir, nous vivons parfois les meilleurs moments de notre existence ; c'est quand ils sont révolus qu'on en mesure le prix.

— Ma mère n'avait pas de travail et mes frères ont commencé à se disputer. Finalement, l'aîné, Amadou, a décidé que ma mère et moi, on partirait en France toutes les deux. Il s'est occupé de tout.

— Vous avez obtenu un visa ?

— Non, on a fait appel à des passeurs. Mes frères ont rassemblé leurs économies et payé le voyage. Un périple de trois semaines dont j'ai des souvenirs terrifiants. On marchait beaucoup, on dormait n'importe où... En France, grâce à l'appui d'un cousin, on a pu être hébergées à Paris ; il a fini par nous trouver une place dans une famille à Neuilly.

— Neuilly ? C'est une banlieue chic !

Aminata a tristement souri.

— Oui. La famille vivait dans une grande propriété et nous, dans une cabane au fond du jardin...

J'avais du mal à y croire. Elle a expliqué :

— On n'avait pas le choix ! Ma mère est une

sans-papiers. Une clandestine. Elle n'a jamais eu de titre de séjour.

— Elle aurait pu faire une demande de réfugiée ?

— La famille chez qui on travaillait nous a assuré qu'elle n'y avait pas droit. Qu'on serait aussitôt reconduites à la frontière. Non, il fallait qu'on se taise.

— Toi aussi, tu travaillais ?

— Oui. Je devais m'occuper du bébé qui venait de naître. Le soir, je gardais les quatre enfants quand leurs parents sortaient, et c'était fréquent. Les derniers temps, comme ma mère était fatiguée, je devais sans cesse l'aider. Pour le ménage, la lessive, les courses, l'entretien de la maison, du jardin...

— Au moins, vous étiez payées ?

Ma question lui a paru naïve.

— Tu veux rire ! On était logées et nourries. Ma mère m'assurait qu'on était privilégiées. Parfois, madame lui donnait de vieux vêtements à elle, et à moi ceux de sa fille aînée, des trucs dont elles ne voulaient plus. Quand j'allais faire des courses, je devais rapporter la facture et rendre la monnaie, elle vérifiait toujours.

En devinant mon indignation, Aminata a réagi.

— Tu sais, du côté des clandestins que notre cousin a aidés, j'en ai vu qui sont tombés plus mal !

Difficile à imaginer. Pourtant, à la télé, il arrivait que l'actualité dénonce le sort d'étrangers en situation irrégulière, employés par des familles de milieux les plus divers ; certains survivaient dans des placards ou des réduits, sans salaire, contraints de se taire au risque de se faire expulser.

— Mais toi, Aminata, tu n'allais pas à l'école ?

— Si. J'ai été au collège. Et même au lycée. En France, on peut être scolarisé sans avoir de titre de séjour. Cette année, j'étais en première. Et parmi les meilleures de la classe...

— Tu as appris le français ici ?

— Non. Dans notre pays, on parle votre langue. Et aussi le hassaniya, qui est proche de l'arabe. Mais depuis notre arrivée, cette langue, ma mère m'a dit qu'il fallait l'oublier...

— Mais enfin Aminata, tu aurais pu dénoncer ta situation à tes enseignants ! À l'assistante sociale, à...

— Ma patronne m'a dit que si je me plaignais, elle aurait des ennuis, mais ma mère et moi plus encore ! On serait renvoyées dans notre pays.

— Tout ça ne m'explique pas la... la mutilation qu'on t'a fait subir ! Qu'est-ce qui s'est passé ?

Son regard s'est assombri.

— D'abord, a-t-elle résumé à voix basse, au lycée, j'ai fait la connaissance de Yaya ; et peu après, mon frère Amadou est revenu.

— Je ne vois pas le rapport.

Elle m'a révélé qu'elle s'était attachée à Yaya. Un garçon de terminale mauritanien qui vivait en foyer.

— Ses parents ont fui au Niger où son père a été tué. Sa mère, elle, est morte à cause du virus Ebola. Yaya a été recueilli par des prêtres et ramené en France. Il a obtenu un statut de réfugié. Il a décroché une bourse et il espère bien faire sa vie ici. Il veut devenir médecin.

— Bon, et où est le problème ?

— Quand il est arrivé en France, il est devenu catholique. C'était la religion de sa famille d'accueil. Il a même fait sa communion. Et c'est un problème, oui.

— Pourquoi ?

— Parce qu'il s'est converti. Depuis huit ans. Selon les lois de son pays, il est passible de la peine de mort.

— Mais il vit en France ! Et toi aussi.

— Oui. Et on est vraiment tombés amoureux, tous les deux.

— Tu as couché avec lui ?

— Même pas. Ça aurait provoqué un drame !

J'ai pensé à ma copine Océane. Depuis l'année précédente, elle fréquentait des garçons, mais elle n'allait jamais très loin avec eux. Et ça durait un mois ou deux. Voilà pourquoi mes parents n'aimaient pas que je la fréquente. Ils jugeaient qu'elle était un mauvais exemple.

— Ta mère était au courant, Aminata ?

— Non. Oh non !

J'ai deviné qu'elle avait peur de sa mère. Ou qu'elle redoutait sa réaction. Et moi qui me plaignais de la mienne ! Un instant, j'ai tenté d'imaginer sa tête si je lui apprenais que je sortais avec un garçon. Bon, elle me demanderait deux choses : si j'avais des sentiments pour lui et si j'étais passée à l'acte... Mais comme rien de tel ne s'était produit, j'en étais réduite à des suppositions.

— Le problème, c'est quand Amadou est arrivé. Fin mai. C'est lui le responsable de la famille, tu comprends ?

Non, pas vraiment. Mais je savais que dans le sud de l'Europe et en Afrique, souvent l'homme prend toutes les décisions.

— Il a adressé mille reproches à ma mère.

— Pourtant, c'était lui qui avait voulu que vous partiez !

— Oui. Mais ma mère n'avait jamais envoyé

d'argent au pays. Et c'était surtout pour ça que mes frères s'étaient cotisés : pour qu'elle trouve un métier ici et subvienne aux besoins de la famille. Amadou voulait que je quitte le lycée, il disait que j'y avais pris de mauvaises habitudes. Une instruction qui n'était pas conforme à nos traditions. Il était furieux que je n'aille pas à la mosquée, que je ne pratique pas notre religion.

— L'islam ?

— Oui. Ma mère a essayé de lui expliquer que c'était difficile. Qu'elle ne pouvait pas contrarier ses patrons. Qu'elle faisait tout pour s'adapter à la société qui l'avait adoptée.

Adoptée ? J'ai jugé le mot exagéré, Aminata était très indulgente.

— Il a décidé qu'il s'occuperait de moi. De mon éducation, de mon avenir. Il voulait surtout que je pratique notre religion...

— Ton frère est un intégriste ?

Aminata a froncé les sourcils comme si j'avais dit un gros mot.

— Pas du tout. Amadou n'a rien à voir avec Al-Qaïda ou les Vengeurs de Dieu !

C'était vrai, je mélangeais tout. On peut être croyant et pratiquant sans être fanatique pour autant. En évoquant les Vengeurs de Dieu, Aminata me rappelait que j'avais commencé à lire *Le Mort qui riait*. Cette secte avait condamné son auteur à mort : une fatwa avait été lancée contre lui sous prétexte que son récit était une injure à l'islam.

— Bien sûr, ton frère ignorait que tu... que tu avais un petit ami ?

— Si je ne l'avais pas dit à ma mère, c'était aussi pour éviter qu'elle mette Amadou au courant !

— Comment l'a-t-il appris ?

— C'est moi qui le lui ai dit.

— Toi ? Mais pourquoi ?

Aminata a reniflé et rassemblé ses souvenirs.

— Amadou voulait me ramener au pays. Et je n'étais pas d'accord. Je lui ai affirmé que j'étais bien ici. Que ma vie, je la ferais avec Yaya, en France. Mais quand je lui ai avoué que Yaya s'était converti au catholicisme, Amadou est devenu furieux. Il m'a dit que c'était une trahison, que je devais le quitter tout de suite. Et puisqu'on n'avait pas trouvé d'emploi ici, on devait rentrer au pays, ma mère et moi. À ce moment-là, je me croyais forte. Je me suis opposée à Amadou. Il m'a demandé jusqu'où j'avais été avec mon copain.

— Tu le lui as dit ?

— J'ai vu qu'il avait un doute. Il m'a menacée...

— De quoi ?

— De la colère d'Allah. La femme doit épouser un musulman. Et rester pure avant le mariage !

Pas étonnant. Autrefois, la règle était la même chez les chrétiens.

— Et puis mon frère a paru abandonner la partie, il m'a laissée tranquille. Avant-hier, ma mère m'a dit qu'elle m'emmenait chez une amie à elle, une femme de notre pays. Elle ne m'a pas donné de détails et je l'ai suivie. J'étais loin d'imaginer ce qui m'attendait.

— Qu'est-ce qui s'est passé ?

Ma question a semblé faire remonter à la mémoire d'Aminata des souvenirs douloureux. Et même pire, à voir la lueur d'épouvante allumée dans son regard...

Chapitre 5

— Tandis qu'elles prenaient le thé, m'a expliqué Aminata, elles m'ont fait boire une potion amère. J'ai compris trop tard que c'était un somnifère. J'ai senti qu'on me transportait. Ensuite, la douleur m'a réveillée. Et les cris de ma mère.

— Ta mère criait ? Mais pourquoi ?

— Amadou lui avait révélé que j'avais un petit ami. Que je reniais notre religion. Ma mère m'a reproché d'être une fille de mauvaise vie. Son amie exciseuse avait agi à sa demande. À présent, elle disait qu'Amadou avait raison, que j'étais dépravée, que je devais obéir, rentrer au pays et respecter nos traditions.

J'étais indignée. Aminata ressemblait à plein

de copines de mon lycée. Elle avait mon âge et un mode de vie identique au mien. Mais seulement en apparence : entre nous existait un gouffre. Un abîme qu'elle avait voulu franchir et qui révélait la distance qui nous séparait.

— Alors, a-t-elle bredouillé, j'ai tout raconté à Yaya. Il était désespéré et inquiet. « Si tu rentres au pays, » m'a-t-il affirmé, « on te mariera de force. Il faut t'enfuir ! Et le plus vite possible. »

— Il ne pouvait pas... te venir en aide ?

— Non. Son foyer n'était pas habilité à m'accueillir. Et puis là-bas, Amadou m'aurait retrouvée. C'est alors que j'ai pensé à Nelly.

— Nelly ?

— Une amie de Facebook.

— Tu as un ordinateur ?

— Non, j'utilise ceux du CDI du lycée. C'était souvent avec Nelly que je chattais. Je lui avais parlé de ma situation. Elle m'avait laissé son numéro de téléphone mais je n'avais aucun moyen de la joindre. Je n'ai pas de portable. Et dans le pavillon, il n'était pas question d'appeler. Sauf que cette nuit, je saignais. Je ne pouvais même plus faire pipi. J'ai réveillé ma mère. Très remontée contre moi, elle m'a dit que c'était normal. Et que si j'allais aux urgences comme je le demandais, Amadou irait me chercher à l'hôpital !

« Il te retrouvera » m'a-t-elle menacée. « Non seulement il ne te lâchera plus, mais il te flanquera la raclée que tu mérites ! » Alors j'ai décidé de fuir. Où ? Comment ? Je n'en savais rien. À l'aube, vers 6 heures, je me suis faufilée dans la maison et j'ai appelé Nelly. Je lui ai tout expliqué, j'étais aux aguets, j'avais peur qu'on surprenne notre conversation. Alors elle m'a conseillé de me mettre sous la protection d'un écrivain célèbre. Un musulman persécuté par des intégristes.

— Nelson Rapur ?

Aminata a écarquillé les yeux.

— Oui ! Tu le connais ?

— Non. Mais je suis en train de lire l'un de ses romans ! Alors tu as été le trouver ?

— Impossible, Emma ! Personne ne sait où il se trouve. Il se cache, il a été condamné par...

— Oui. Je suis au courant.

— Nelly était sûre que si je parvenais à le joindre, il me prendrait sous sa protection. Elle savait que l'écrivain se trouverait dans le TGV de ce matin pour Bordeaux. Celui de 8 h 46.

— Comment ?

J'avais du mal à y croire. Bon, que Nelson Rapur ait pu être dans le train que j'avais raté, passe encore. Mais que cette Nelly ait pu le savoir, ça me semblait trop beau pour être vrai.

— Une fois rentrée dans la cabane, j'ai rempli à la hâte ce sac à dos et je me suis précipitée dans le métro. J'avais peur d'arriver trop tard...

J'ai failli l'interrompre pour lui avouer : « Moi aussi ! »

— À Montparnasse, il fallait d'abord que je trouve un livre de Nelson Rapur.

— Pourquoi ?

— Parce que je ne savais pas à quoi il ressemblait ! Nelly m'avait recommandé d'acheter l'un de ses romans, il y a souvent la photo de l'auteur au dos de la couverture. Dans le kiosque à journaux, j'ai fini par dénicher un de ses livres. Comme je n'avais pas d'argent, j'ai dû le voler. Et quand je suis arrivée sur le quai, le TGV venait de partir !

Si Aminata l'avait raté, c'était pour avoir perdu un temps précieux dans le même magasin que moi ! Ce matin, à neuf heures moins vingt, nous nous étions sûrement côtoyées, dans la librairie ou sur le quai. Et je n'avais pas fait attention à elle. Ni elle à moi. Une autre évidence m'a frappée : le train de 8 h 46 n'avait pas été victime d'un accident mais d'un attentat.

Sans se préoccuper de causer plein d'autres victimes, les Vengeurs de Dieu avaient accompli leur assassinat !

Chapitre 6

Dans notre car, qui progressait à présent à travers les vignes, Aminata a sorti de son sac à dos *Le Mort qui riait*. J'ai sorti du mien le même bouquin. Elle a souri tristement.

— Mais pourquoi tu as pris le TGV suivant, Aminata ? À quoi bon ?

— Qu'est-ce que tu aurais fait, à ma place ? Tu me voyais revenir au pavillon ? Je devais fuir avant l'arrivée de mon frère !

— Tu espérais retrouver Nelson Rapur à Bordeaux ?

— Non. Mais je sais que Nelly vit dans cette ville. Je pensais l'appeler et lui demander de m'accueillir.

— Tu crois qu'elle pourra le faire ? Tu as son adresse ?

Elle a grimacé.

— Hélas non. Ce sera difficile, je le sais. Nelly n'a jamais parlé de moi à sa mère, elle ne lui a même jamais dit qu'elle s'était inscrite sur Facebook.

Son regard s'est fait lointain, ses lèvres se sont remises à trembler. Soudain, elle m'a désigné l'extérieur :

— Emma ? On est à Libourne. Tu es arrivée.

Les deux cars qui nous précédaient stationnaient devant la gare. La plupart des passagers achevaient de descendre, devant une foule qui se pressait pour accueillir les arrivants. J'ai aperçu ma grand-mère et je lui ai fait signe. Elle a tressauté de joie et a été prévenir papy qui guettait la sortie des passagers des autres cars. Leur soulagement faisait plaisir à voir. En revanche, l'expression d'Aminata m'a effrayée. J'ai compris pourquoi : à peine avions-nous fait connaissance qu'on allait perdre le contact. Une seconde, je me suis mise à sa place et j'ai frémi. À cause de ce que ma mère appelle l'empathie.

— Aminata ? Descends avec moi !

— Quoi ?

— Oui, viens ! À Bordeaux, qu'est-ce que tu vas faire ?

— Je... je ne sais pas. Essayer de retrouver Rapur.

— Tu rêves ! Si ça se trouve, il est mort dans le TGV qu'on a raté... Allez, prends ton sac, vite !

Le regard débordant de reconnaissance, elle a obéi.

— Emma ! Ma petite Emma ! s'est écriée ma grand-mère.

Elle m'a serrée contre elle tandis que papy s'emparait de ma valise et de mon sac à dos.

— Dieu merci, tu es là, Emma !

J'ai enfin pu leur demander :

— Vous avez su que j'avais raté mon train ? Qui vous a prévenus ?

— Une employée de l'agence bancaire de Libourne ! a révélé papy en riant. Une idée géniale de ton amie Océane ! On n'a pas eu le temps de s'inquiéter.

— À la gare, m'a appris mamy, le panneau avait affiché que ton train aurait du retard. Puis de méchants bruits ont circulé parmi les gens qui attendaient dans le hall : le TGV de 8 h 46 aurait déraillé...

— Vers midi et demi, a achevé mon grand-père, une jeune femme essoufflée nous a abordés et demandé si nous étions M. et Mme Dufay. Ton père lui avait livré notre signalement. Elle avait couru de l'agence bancaire jusqu'à la gare pour nous identifier et nous avertir de l'appel qu'Océane avait passé à ton père.

— Quelle chance que tu aies raté ton train ! a ajouté mamy dans un frémissement. Il paraît qu'il y a des morts. Et plein de blessés.

Papy a jeté un regard interrogatif vers la jeune Black. Il devait se demander pourquoi elle se tenait là, à l'écart, en nous observant de ses grands yeux noirs.

— Je vous présente Aminata. Une amie.

— Enchanté, mademoiselle.

Papy lui a tendu la main tandis que ma grand-mère a préféré lui faire la bise. Un geste inattendu qui a arraché à Aminata un sanglot nerveux.

— Ça va, jeune fille ? a demandé mamy.

— Oui... non. En réalité... pas très bien.

Je me demandais quelle explication improviser quand Aminata a montré une main ensanglantée et m'a chuchoté :

— Je crois... je crois que l'hémorragie reprend.

— L'hémorragie ? a répété mon grand-père sans comprendre.

— Oui. Je vous expliquerai ! Papy, tu n'es pas garé trop loin ?

— Sur le parking de la gare. À deux pas.

— Alors on file aux urgences !

Chapitre 7

Tandis que la voiture de papy se frayait un chemin dans les rues de Libourne, Mamy, tournée vers moi, me questionnait à voix basse sur cette invitée-surprise.

— Plus tard. Tu ne peux pas aller plus vite, papy ?

— Impossible, ça bouchonne. Je n'ai jamais vu autant d'ambulances !

Arrivés à l'hôpital Robert-Boulin, on a compris la cause de cette affluence, on y accueillait une partie des blessés du train accidenté.

J'ai expliqué à une employée qu'Aminata avait une hémorragie mais que son cas n'avait aucun rapport avec les victimes du TGV.

—Vous tombez bien. Le service de gynécologie

est l'un des rares à ne pas être débordé. Vous me suivez, mademoiselle ?

Aminata m'a lancé un regard ému avant de franchir une porte au-dessus de laquelle était affiché : *Interdit au public.*

Papy, mamy et moi on est allés s'asseoir dans la salle d'attente. Là, j'ai pu tout leur expliquer. Mon grand-père était aussi scandalisé que moi.

— Alors cette jeune fille n'est pas l'une de tes camarades ?

— Bien sûr que non, a répondu mamy. Elle est en fuite. Et en danger !

Là, j'ai deviné que j'avais une alliée.

— Tu veux dire, a commencé papy en fronçant les sourcils, que nous devrions...

Comme il hésitait, c'est moi qui ai achevé :

— La recueillir, oui ! Et l'aider à trouver une solution. Un refuge.

— Doucement Emma, ce n'est pas si simple, a rétorqué ma grand-mère. Aminata est mineure. Il se peut que son frère ou sa mère aient lancé un avis de recherche la concernant.

— Je ne pense pas. Ce sont des clandestins, je les vois mal prévenir la police.

— De toute façon ma chérie, on ne peut pas la prendre en charge sans prévenir les autorités.

Mamy ne croyait pas si bien dire : les difficultés

ont commencé quand l'employée de l'accueil nous a demandé de la rejoindre au comptoir.

— Je dois remplir le dossier d'admission. Il me faut la carte Vitale de cette jeune fille.

Mamy a dû tout révéler à l'hôtesse d'accueil. Celle-ci a recontacté le service de gynécologie pour un long entretien que nous ne pouvions pas entendre. L'employée hochait souvent la tête. Elle a raccroché et nous a déclaré :

— Votre amie va bien. Elle est sortie du bloc opératoire. Par précaution, nous allons la garder en observation. Je vais vous mettre en relation avec notre assistante sociale. Elle essaiera de faire appel à l'AME*.

— Madame, ai-je demandé en montrant le sac à dos qu'Aminata m'avait laissé, est-ce que je peux voir mon amie ?

— C'est au deuxième étage, chambre 29. Quant à vous, madame et monsieur, vous voulez bien me suivre ?

***

Comme il y avait la queue devant l'ascenseur, j'ai pris l'escalier. Et, sur le palier du premier

* Aide médicale de l'État destinée aux étrangers en situation irrégulière.

étage, je me suis retrouvée nez à nez avec un patient d'une vingtaine d'années agrippé à la rampe. Épuisé, seulement vêtu de la combinaison blanche de l'hôpital, il transpirait à grosses gouttes ; il essayait de monter à cloche-pied en maintenant en l'air sa jambe gauche ; elle était enveloppée d'un pansement qui allait du pied à la cuisse.

— Euh... je peux vous aider ?

— Oui, c'est très gentil, merci ! Je vais au troisième.

— Pourquoi vous ne prenez pas l'ascenseur ?

Il a eu un moment d'hésitation. Dans son regard est né quelque chose qui ressemblait à de la méfiance.

— Parce qu'on m'empêche de monter. Un infirmier m'a déjà reconduit de force dans mon lit. Et là-haut, je vais devoir à nouveau me battre avec les autorités.

— Vous battre ?

— Me disputer avec les médecins, oui.

On était arrivés au deuxième. Fallait-il vraiment que j'aide cet inconnu ? Pourquoi avait-il voulu quitter sa chambre ?

— Les médecins ont raison, vous risquez de tomber et d'aggraver votre cas. Vous avez une jambe cassée ?

— Fêlée. Avec une plaie ouverte. Eh, ne m'abandonnez pas ici ! Je dois absolument rejoindre la chambre 38 !

— À mon avis, vous devriez plutôt retourner dans la vôtre.

Sans répondre, il a clopiné jusqu'aux marches et j'ai été obligée de l'aider à monter. Visiblement, il souffrait à chaque soubresaut, il évitait d'effleurer le sol de son pied gauche.

Quand j'ai ouvert la porte qui donnait sur le couloir du troisième, j'ai été étonnée par l'agitation qui y régnait. Douze personnes se bousculaient devant la porte 38 ; une infirmière en bloquait l'accès.

— Je vous en prie ! criait-elle en les repoussant. Retournez à l'accueil ! Je ne peux vous livrer aucun autre renseignement !

— Depuis combien de temps est-il dans le coma ?

— Savez-vous quand il en sortira ?

— Est-il blessé ?

— Est-ce qu'il souffre beaucoup ?

Un infirmier a surgi de l'ascenseur et a rugi vers la foule :

— S'il vous plaît, libérez l'accès à cette chambre ! Suivez-moi ! Eh, vous m'entendez ?

Il en aurait fallu dix comme lui pour chasser

les importuns. Grâce aux appareils photo et aux caméras qu'ils brandissaient, j'ai compris que c'étaient des journalistes. J'ai demandé au jeune homme que j'avais conduit jusque là :

— C'est la chambre de Nelson Rapur, n'est-ce pas ?

Chapitre 8

L'inconnu que je soutenais n'a pas eu le temps de me répondre. Dans le couloir, l'infirmier qui était sorti de l'ascenseur a foncé sur nous. Il m'a arraché des mains mon jeune éclopé.

— Encore vous, monsieur Coppin ? Quel entêté ! Je vous interdis de quitter votre chambre ! Vous voulez empirer votre état ? Vous casser l'autre jambe ? Laissez-le-moi, mademoiselle, je m'en occupe.

— Arthur ? lui a crié l'infirmière débordée qui gardait l'accès à la chambre 38, tu peux prévenir l'accueil ? On n'y arrivera jamais, je crois qu'il faut faire appel à la police...

Arthur a entraîné de force son patient récalcitrant jusqu'à l'ascenseur. Le jeune homme m'a jeté un regard de détresse avant que les portes ne se referment sur eux.

Perplexe, j'ai repris l'escalier et j'ai rejoint le deuxième étage. En me voyant entrer, Aminata m'a adressé un sourire éclatant. Adossée à un oreiller, elle semblait un peu groggy mais sereine.

— Rassure-toi, Emma, tout va bien ! La gynéco a dû me faire une anesthésie locale pour découdre ma plaie proprement et une piqûre pour prévenir l'infection. Parce que l'exciseuse m'avait charcutée, et ses instruments n'étaient sûrement pas stérilisés. Je devrai revenir ici pour un examen de contrôle, dans quelques jours. Tu sais quand je vais sortir ?

— Non. Mais l'essentiel, c'est qu'on se soit occupé de toi. Que l'hémorragie soit arrêtée.

On a papoté une demi-heure. Sans qu'elle me pose la question qui devait lui brûler les lèvres : *Qu'est-ce que je vais devenir ?* De mon côté, je n'osais pas lui révéler que deux étages au-dessus d'elle se trouvait l'écrivain qu'elle avait voulu rejoindre. D'abord, je n'en étais pas sûre. Et puis s'il était dans le coma, je ne vois pas ce qu'il aurait pu faire pour elle.

Une infirmière est entrée et m'a demandé de les laisser. Dix minutes après, elle m'autorisait à revenir ; elle m'a déclaré :

— En principe, nous devrions garder Aminata en observation et la faire sortir demain matin. Mais avec les blessés du TGV, nos services sont débordés et nous manquons de place. D'après ce que m'a affirmé ma collègue de l'accueil, vos parents...

— Ce sont mes grands-parents.

— Eh bien je crois qu'ils acceptent d'emmener votre amie dès ce soir. Elle devrait sortir vers 18 heures. Vous pouvez les rejoindre.

Je n'osais pas y croire. J'ai branché mon portable pour le recharger et demandé à Aminata :

— Si je ne reviens pas, tu le prendras avant de quitter ta chambre ?

— Oui... je n'oublierai pas, Emma, compte sur moi.

En la quittant, je lui ai adressé un clin d'œil et elle m'a répondu avec un regard ébloui.

Les ascenseurs étant pris d'assaut, j'ai emprunté l'escalier pour descendre. Arrivée sur le palier du premier, j'ai repensé à l'inconnu qui voulait à tout prix voir Nelson Rapur et j'ai eu un moment d'hésitation.

Après tout, qu'est-ce que je risquais ?

★★★

J'ai rejoint le couloir et jeté un coup d'œil vers les chambres. Sur la porte de celle qui portait le numéro 14 avait été inscrit à la hâte *Frédéric Coppin.* J'ai frappé et je suis entrée.

Le patient avait désormais la jambe gauche suspendue. Un vrai brochet accroché à un hameçon ! En me voyant, il a réprimé une exclamation. Puis ébauché un sourire amer.

— Eh bien... c'est gentil de venir me voir ! Vous voyez, je suis prisonnier ! On vous a laissée entrer ? Je n'ai pas d'infirmière qui interdit ma chambre ?

— Non. Je crois que ce privilège est réservé à Nelson Rapur. Parce que c'est lui qui se trouve là-haut, n'est-ce pas ?

Il a haussé les épaules avec un soupir découragé.

— Oui. Bah, c'est le secret de polichinelle, tout l'hôpital est au courant !

— Vous êtes journaliste ?

Il m'a longuement dévisagée avant de me répondre :

— Non. Et vous, qui êtes-vous ? Qu'est-ce que vous faites ici ?

J'ai failli lui répliquer : « Qu'est-ce que ça peut vous faire, je venais simplement prendre de vos nouvelles ! » Mais j'ai deviné qu'il me jaugeait. Il devait se demander s'il pouvait me faire confiance.

— Je m'appelle Emma. J'ai raté le TGV de 8 h 46 et je suis montée dans le suivant. Mais à bord, une... une amie à moi a eu un problème de santé. Mes grands-parents, qui m'attendaient à la gare, l'ont emmenée aux urgences. Voilà pourquoi je suis là.

J'ai marqué un temps avant d'ajouter :

— Et toi ?

Le tutoiement l'a fait sourire. Et ça m'a touchée. Comme si s'établissait entre nous une complicité qu'il acceptait. Il m'a désigné le portemanteau où sa veste était accrochée.

— Dans la poche intérieure, tu trouveras mon portefeuille. Avant de l'ouvrir, jure-moi que tu vas garder pour toi ce que je vais te dire.

— Tu as peur que j'aille le répéter aux journalistes ?

— Oui.

— C'est juré. Bon, je peux regarder ?

Sa carte d'identité m'a appris qu'il avait vingt-trois ans – je lui en aurais donné moins. Une autre carte m'a intriguée ; elle était barrée du drapeau tricolore. À côté d'un tampon officiel figurait la mention *Ministère de l'Intérieur.* J'ai eu un sifflement admiratif.

— Ouah ! Alors tu es ministre ?

— Bien sûr que non. Je suis l'un de ceux qui

étaient chargés de veiller sur Nelson Rapur. Je me trouvais dans la même voiture que lui. Quand l'accident a eu lieu, j'ai tout fait pour qu'on ne soit pas séparés. Mais j'étais moi-même blessé. Par chance, il a été admis ici, comme moi.

— Tu devrais être content, Frédéric !

— Tu peux m'appeler Fred.

— Eh bien, Fred, où est le problème ?

— L' identité de l'écrivain a été révélée.

— Ah ! Et par qui ?

— J'en sais rien ! À l'hôpital, on a voulu identifier les blessés inconscients. Un médecin ou une infirmière devait avoir un ami ou un parent journaliste. Un coup de fil a suffi pour tout déclencher. L'info a déjà été diffusée à la radio et à la télé !

— Et c'est si grave ?

— Réfléchis, Emma ; à l'heure qu'il est, les Vengeurs de Dieu savent qu'ils ont raté leur coup ! Nelson Rapur est vivant. Donc en danger de mort. Et désormais, tout le monde sait où il se trouve ! À mon avis, ceux qui voulaient sa peau sont déjà en route.

— Et... tu étais son seul garde du corps ?

— Dans le train, oui. Mais c'est encore plus compliqué que ça. Parce que Rapur refuse d'être sous surveillance. Il veut être libre de ses mouvements. Le ministère nous a donc recommandé de ne jamais nous montrer.

— Tu dis « nous », donc vous êtes plusieurs ?

— Oui, trois. On se relaie jour et nuit pour le suivre. Ce matin, c'est moi qui étais de garde. J'ai dû faire mille acrobaties pour attraper son train. Hélas, les Vengeurs de Dieu étaient déjà renseignés.

— Comment tu le sais ?

— Parce qu'ils n'ont pas improvisé cet attentat, Emma. Ils savaient que Rapur prendrait le TGV de 8 h 46, et même qu'il serait dans la voiture de tête. À mon avis, ils ne sont pas loin. Et leur cible est là, aux yeux de tous.

Il m'a désigné les étages supérieurs. J'étais perplexe.

— Pourquoi tu me fais toutes ces confidences, Fred ?

— Parce que j'espère que tu peux me donner un coup de main. Moi, je suis bloqué dans cette chambre.

J'ai haussé les épaules, je voyais mal comment protéger Rapur !

— J'espère que tu n'es pas une terroriste ?

J'ai failli éclater de rire.

— Pas exactement. Dis-moi... je suppose que tu es armé ?

— Même pas.

— Alors il faut prévenir la police !

— Qu'est-ce que tu crois ? J'ai alerté le ministère quand j'étais dans l'ambulance ! Mais ici, avec tous ces blessés, la gendarmerie a d'autres soucis en tête. Il se peut que des policiers en civil soient déjà dans l'hôpital. Mais ils n'ont pas été fichus d'empêcher les journalistes d'entrer. N'importe quel individu armé peut venir abattre Rapur, ce n'est pas une infirmière qui l'arrêtera !

— Ni moi.

Il a soupiré en baissant la tête. S'il s'était confié ainsi, c'était parce qu'il était désemparé, démuni. Sans qu'il le sache, son problème me concernait aussi. C'était sous la protection de Nelson Rapur qu'Aminata avait voulu se mettre !

Mais au lieu d'être une solution, cet écrivain dans le coma me compliquait plutôt la tâche.

— Tu comprends, m'a dit Fred, il faudrait qu'il puisse sortir d'ici incognito. Et à mon avis, c'est déjà trop tard.

— Tu aurais dû prévenir le directeur de l'hôpital.

— Je l'ai fait. Il était assis à ta place il y a moins d'une heure. Mais en principe, sa responsabilité se limite à la santé de Rapur et à la mienne. Je lui ai demandé d'agir mais j'ignore s'il l'a fait. En plus, personne ne me tient au courant !

Il a laissé planer un long silence. Un temps pendant lequel je réfléchissais. Je me suis levée en lui déclarant :

— Écoute, je dois m'en aller. Mais il faut que tu m'accordes une dérogation.

— Une... quoi ?

— Je t'ai donné ma parole de garder pour moi ce que tu m'as dit. Seulement si tu veux que j'essaie de débloquer la situation, je dois révéler à mes grands-parents que Rapur est ici.

— Débloquer la situation ? Mais qu'est-ce que... ?

— Je peux le leur dire ?

— Accordé. De toute façon, ils sont peut-être déjà au courant ! Qu'est-ce que tu as en tête ? Tu penses que tes grands-parents pourraient... ?

Il n'a pas achevé sa phrase. Et je n'ai pas osé la compléter. Mais je crois qu'il devinait ce que je mûrissais. Pour ne pas m'engager plus loin, je me suis empressée d'ajouter :

— Je dois en priorité m'occuper d'une amie. Mais je ne quitterai pas l'hôpital sans revenir te voir. Tu ne bouges pas ?

Il m'a dévisagée avec une étrange insistance, puis désigné sa jambe suspendue.

— À ton avis, est-ce que j'ai le choix ?

Chapitre 9

Quand j'ai rejoint mes grands-parents dans la salle d'attente, ils se sont levés comme un seul homme.

— Enfin ! Tu as été bien longue.

— Tout va bien, Emma ?

— Oui. Et il y a du nouveau.

Je leur ai tout expliqué : qu'Aminata pourrait quitter sa chambre dès ce soir, ma rencontre avec Fred, la présence de Nelson Rapur à l'hôpital, la menace qui planait sur lui...

— Attends, m'a interrompue mamy. C'est bien joli, mais en quoi ça nous concerne ?

— C'est pourtant simple ! a répliqué papy. Nous allons héberger Aminata. Nous sommes d'accord, Jacqueline ?

— Bien sûr ! Et c'est provisoire puisque ton ami Gérard, à la gendarmerie, devrait lui trouver un établissement d'accueil.

— Eh bien Emma nous demande d'accueillir aussi cet écrivain. Pour qu'il soit en sécurité. Tu y es ?

— Nelson Rapur ? On ne le connaît même pas !

— Et Aminata, tu la connaissais avant qu'Emma nous la présente ? Moi, je sais qui est cet écrivain, affirma papy. J'ai emprunté ses livres à la bibliothèque.

— Mamy ? Maman m'a prêté celui-ci.

J'ai sorti de mon sac *Le Mort qui riait*. Ma grand-mère a survolé la biographie de l'auteur. Elle était perplexe, *dubitative*, aurait dit ma mère. Il est vrai que ça faisait beaucoup à digérer en peu de temps ! Et trois personnes à loger au lieu d'une.

Papy, lui, se montrait déterminé et enthousiaste. Il partageait les idées de cet auteur et connaissait la fatwa dont il était l'objet.

— Attendez-moi, nous a-t-il dit en se levant.

Il est allé au fond du hall s'enfermer dans une cabine téléphonique que personne n'utilisait, aujourd'hui tout le monde a un portable. Il y est resté un quart d'heure.

— Je crois qu'il rappelle tes parents, m'a confié mamy. Il veut avoir leur accord.

— Il les a déjà joints ?

— Bien sûr ! Quand tu as été voir Aminata dans sa chambre, il les a avertis qu'on t'avait récupérée à la gare et qu'on rentrerait au village plus tard que prévu.

Il avait quitté la cabine et regagné l'accueil pour s'entretenir avec l'hôtesse. Celle-ci a décroché son téléphone et lui a passé un correspondant. Leur conversation a été presque aussi longue... tout ça me paraissait mystérieux.

Quand il est revenu s'asseoir avec nous, il semblait content de lui.

— Tu nous expliques ? a demandé mamy.

— Inutile. Je ne suis encore sûr de rien. Si tout se déroule comme je l'espère, on devrait venir nous chercher bientôt.

Le temps m'a paru interminable. De l'extérieur, où le ciel tournait à l'orage, nous parvenait le son des sirènes des ambulances. Dans le hall, le va-et-vient était permanent. Les visages des visiteurs étaient angoissés. L'hôpital accueillait des dizaines de blessés que les parents et amis souhaitaient retrouver. Dans cette foule, j'essayais de deviner si ne s'était pas glissé un Vengeur de Dieu. À quoi ressemblaient ces terroristes ? Un passant à l'allure inoffensive peut se faire exploser et provoquer beaucoup de victimes innocentes.

Des éclats de voix m'ont alertée. Dans le hall, un ambulancier expliquait à l'employée :

— Incroyable ! On était arrêtés à un feu quand j'ai entendu s'ouvrir la porte arrière de la fourgonnette. Deux types cagoulés sont montés et ont arraché le masque à oxygène du malade qu'on transportait. Évelyne a hurlé, mais après avoir jeté un coup d'œil sur notre patient, les agresseurs ont filé, plus vite encore qu'ils étaient entrés ! Pourtant, l'ambulance ne ressemble pas à un convoyeur de fonds...

Au même instant, derrière le comptoir, un médecin a jailli d'une des portes sur lesquelles figurait la mention *Interdit au public*. Il a survolé du regard les gens de la salle d'attente, nous a repérés et s'est approché de nous. Son badge indiquait : *Dr Génissac*. Avec sa moustache noire et ses grosses lunettes d'écaille, il avait l'air grave de celui qui a une mauvaise nouvelle à annoncer.

— Vous voulez bien me suivre ? Oui, tous les trois, s'il vous plaît.

J'ai cru à une erreur. Comment savait-il qui nous étions ?

Nous avons descendu un escalier à sa suite, et la fraîcheur des lieux m'a fait frissonner ; j'ai deviné qu'il nous entraînait vers la morgue.

Il s'est arrêté au détour d'un couloir, deux

hommes nous barraient le passage. Le premier, d'une cinquantaine d'années, nous a tendu une main. Le second, je l'ai reconnu tout de suite à cause de sa jambe gauche enveloppée d'un gros pansement. Cette fois, il était habillé et se tenait debout grâce à deux béquilles.

C'était Fred.

Il m'a adressé un sourire majuscule et a jeté à l'inconnu qui l'accompagnait :

— C'est elle, monsieur le directeur, je confirme. Et je suppose, Emma, que ce sont tes grands-parents ?

Chapitre 10

Comme l'indiquait le badge accroché sur sa blouse blanche, le médecin qui accompagnait Fred était le directeur de l'hôpital : le docteur Bigarroux.

— Désolé de vous accueillir dans ces sous-sols. Si j'ai bien compris, monsieur, a-t-il demandé à papy, vous seriez prêt à héberger l'écrivain Nelson Rapur ?

— Je vous l'ai confirmé il y a un quart d'heure. Je m'appelle...

Le directeur a levé la main.

— Je préfère l'ignorer. Et m'impliquer le moins possible dans cette histoire. J'aimerais vous confier mon patient au plus vite, en toute discrétion. Dans mon intérêt comme dans le sien. Pour cela, son accord est indispensable. Voilà pourquoi, à l'initiative de M. Frédéric Coppin, je vous propose un entretien avec l'écrivain.

— Un entretien ? a répété papy. Mais s'il est dans le coma...

— J'ajoute, a déclaré le directeur en se tournant vers Fred, que je me suis renseigné sur vous auprès du ministère. Votre identité et vos fonctions m'ont été confirmées. Les autorités compétentes ont dépêché ici un fonctionnaire qui assistera à cet entretien. Vous me suivez ?

Tout ça allait si vite que je me croyais dans un film d'espionnage. Papy était excité comme une puce.

Le docteur Bigarroux nous a entraînés tous les quatre dans de nouveaux couloirs. Comme nous passions près de l'ascenseur sans nous arrêter, j'ai chuchoté à Fred qui claudiquait à mes côtés :

— La chambre de Rapur n'est pas au troisième étage ?

— Elle est vide ! C'est un leurre. J'ai moi-même failli tomber dans le panneau. Les journalistes, eux, y croient encore !

Le directeur a fait halte devant une porte métallique.

— Ce local est réservé aux défunts, mais M. Rapur a accepté d'y séjourner. Nous pensons que c'est le dernier endroit où des terroristes viendraient le chercher.

Il a sorti une clé, frappé, donné un tour dans la serrure et est entré.

Le local n'était meublé que d'un lit et d'une table d'hôpital. Debout au fond de la pièce, un inconnu en costume-cravate nous a salués d'un hochement de tête. Je l'ai pris pour un garde du corps, même si Fred m'avait dit que l'écrivain n'en voulait pas.

L'occupant du lit, un livre à la main, a levé les yeux pour nous adresser un sourire de bienvenue. C'était Nelson Rapur, en chemise de nuit blanche, avec sa courte barbe poivre et sel et ses cheveux crépus, tel que le représentaient les photos de la couverture de ses romans. Rapur, conscient et en parfaite santé, malgré la minerve qui lui maintenait le cou !

Comme il faisait mine de se lever, une grimace de douleur lui a échappé. Le directeur lui a fait signe de ne pas bouger de son lit.

— Pas d'imprudence, évitez les mouvements inutiles ! En réalité, nous a expliqué Bigarroux, M. Rapur n'a jamais été dans le coma. Le choc qu'il a subi dans le TGV nous a fait redouter des lésions médullaires, mais nous n'avons diagnostiqué que quelques vertèbres déplacées. Il devra porter cette mentonnière pendant plusieurs semaines. Et rester au repos.

— Madame, mademoiselle, monsieur... nous a déclaré l'écrivain dans un français sans accent, je suis désolé de vous recevoir dans une telle tenue... et dans ce sympathique funérarium. Dites-moi docteur, vous m'autorisez à serrer la main de mes visiteurs ?

— Bien sûr. C'est M. Rapur qui a eu l'idée de faire circuler le bruit qu'il était inconscient.

— Au départ, je voulais même passer pour mort ! a lancé l'écrivain en nous tendant ses mains pour serrer les nôtres. C'était le meilleur moyen d'avoir la paix. Mais les terroristes auraient été trop contents. Et ce mensonge m'aurait contraint à un silence définitif. Sans parler des difficultés liées à la comédie d'une cérémonie funèbre... Et puis j'avoue avoir envie de vivre encore un peu. Ne serait-ce que pour écrire, publier quelques livres et, comment dites-vous ? faire la nique à mes adversaires !

Comme il me secouait les mains, j'ai stupidement bredouillé :

— Monsieur Rapur, je suis tellement fière...

J'étais surtout impressionnée. Je n'avais lu que cinquante pages de son roman mais je les avais trouvées très fortes. Ma mère m'affirmait que son nom circulait pour le prochain Nobel de littérature.

Chapitre 11

Comme Fred ne répondait pas à la question, papy a déclaré :

— Vous ne préférez pas que nous fassions plus ample connaissance, monsieur Rapur ? Après tout, nous sommes de parfaits étrangers pour vous. Et rien ne vous prouve que vous pouvez nous faire confiance !

— Voyez-vous, cher monsieur, je n'ai pas le choix. Je vous suis déjà très obligé de m'accueillir.

— Notre maison est vaste mais rustique. J'espère que...

— Ce sera un palais ! Vous savez, j'ai grandi dans les bidonvilles de Calcutta. Et je ne vous dérangerai pas longtemps.

— Si vous acceptiez plutôt la proposition du ministère... a commencé Fred.

— Jeune homme, ne revenons pas là-dessus. Je refuse de passer le reste de ma vie avec des vigiles qui garderont nuit et jour la porte de mon bureau. Sans compter que je deviendrais une cible idéale. Je suis déjà terrifié d'avoir été à l'origine d'un attentat qui a causé tant de victimes. Le plus urgent est que je sorte d'ici discrètement, et vite ! (Il a désigné les étages supérieurs.) L'hôpital est surveillé par mes agresseurs. Plus le temps passe, plus ils seront nombreux à resserrer les mailles de leur filet.

Il avait raison, l'ambulance interceptée en pleine rue le prouvait. Les terroristes devaient avoir l'œil sur tous ceux qui quittaient les lieux.

— Fred ? ai-je soudain demandé. On a pu te repérer ? Soupçonner que tu as un rapport avec Nelson Rapur ?

— Non. Je n'ai même pas pu approcher la chambre 38 !

J'ai repensé au docteur qui nous avait menés à la morgue. Si un Vengeur de Dieu avait épié le hall, rien n'aurait pu lui laisser croire qu'il nous ferait rencontrer Rapur.

— Hélas, je n'ai pas de plan précis, a admis Fred. Mais des ambulances sont à notre disposition et on pourrait vous exfiltrer de l'hôpital sans que...

— Surtout pas ! ai-je crié.

J'ai relaté l'incident récent et ça a jeté un froid. Puis j'ai affirmé :

— Ce serait plus habile d'agir au grand jour !

— Tu veux nous faire sortir d'ici à visage découvert ? a demandé Fred. Et à pied ?

Ça semblait peu réaliste, car Nelson marchait avec difficulté. Pourtant, un scénario s'ébauchait dans mon esprit.

— Tu penses à quoi, Emma ?

— Au docteur Génissac. Il a votre taille et votre corpulence, monsieur Rapur. Il porte de grosses lunettes et une moustache noire. Si vous n'aviez cette barbe...

— Oh, je peux la raser ! Il m'arrive de le faire. Quant aux accessoires postiches, j'en ai une provision, Emma ! Tenez, voulez-vous ouvrir la sacoche de cuir au pied de mon lit ?

Fred m'a devancée, et Rapur a sorti d'une trousse de toilette une perruque blonde, une de cheveux grisonnants, trois barbes de différentes teintes et plusieurs moustaches. J'en ai saisi une, large et brune.

— Celle-ci pourrait faire l'affaire.

— Bon ! m'a jeté Fred, de plus en plus intrigué. Tu t'expliques ?

— Quelle heure est-il ?

— Sept heures du soir. Quel rapport ?

— Dans une heure, la nuit va tomber. Pour peu qu'il pleuve, on devrait bénéficier d'une demi-obscurité.

— Mais encore ?

— On pourrait faire passer Nelson pour le docteur Génissac. Et détourner l'attention des terroristes sur un autre patient.

— Lequel ?

— Toi, Fred ! Monsieur Rapur, vous vous sentez capable de marcher sur quelques mètres ? Lentement ? En vous appuyant sur un fauteuil roulant ?

Chapitre 12

Il était 8 heures du soir quand notre petit groupe est sorti de l'ascenseur. Mes grands-parents n'étaient plus là ; nous avions rendez-vous avec eux à dix kilomètres de Libourne.

Dans le hall d'accueil, la foule s'était réduite à vingt personnes. J'ai deviné qu'elles nous regardaient et je n'ai pas levé les yeux. Nous, c'étaient Nelson Rapur, Fred, moi... et Aminata. Quand je lui ai expliqué qu'on allait quitter l'hôpital avec l'écrivain, elle a été éblouie. À ses yeux, c'était inespéré !

En atteignant l'accueil, j'ai adressé un sourire à l'hôtesse que le directeur avait informée de notre sortie. Je lui ai donné une fiche et elle nous a fait signe de passer. Je maintenais en l'air une perfusion factice suspendue à la civière roulante, civière sur laquelle Fred était allongé, la jambe emmitouflée couverte d'un arceau métallique. Il me regardait avec un rictus de douleur. Une comédie qu'il jouait sans trop forcer.

Je me suis retournée vers les deux complices qui poussaient la civière : Aminata en tenue d'aide-soignante et Nelson Rapur qui, pour marcher, s'appuyait sur le dossier. Le visage rasé, il arborait une moustache noire, des lunettes d'écaille et portait une blouse avec le badge Génissac. Pour ceux qui, au même instant, surveillaient peut-être notre sortie, l'illusion devait opérer. D'autant que l'écrivain était officiellement dans le coma.

Il ne pleuvait pas mais le ciel était sombre. Rapur avait le crâne recouvert d'une capuche de plastique vert qui protégeait (et dissimulait) ses cheveux frisés.

Dès que les portes du hall se sont ouvertes, un vent frais nous a fait d'instinct baisser la tête. À quinze mètres de là stationnait l'ambulance qui nous avait été réservée, une C5 break dont les vitres n'étaient pas teintées et sur laquelle s'affichait l'inscription : *Hôpital Robert-Boulin.*

J'ai demandé à voix haute, en voyant Fred qui grimaçait :

— Ça va ?

— Très bien ! m'a répondu Nelson Rapur. Aucun problème.

Il avait enlevé sa mentonnière et marchait lentement pour ménager ses vertèbres.

J'ai ouvert le hayon arrière ; Aminata m'a aidée à enfiler la civière dans le véhicule et je suis montée à côté de Fred. Pendant ce temps, Aminata a pris place sur le siège passager tandis que Nelson Rapur s'asseyait en se cramponnant au volant. Une fois les portes fermées, j'ai ordonné :

— Première à droite. On rejoint la rocade. Direction Bergerac...

Mon cœur battait à grands coups. J'imaginais qu'un fusil à lunette était braqué sur nous et, à chaque instant, je m'attendais à ce qu'un coup de feu éclate. Ou à ce qu'une bombe explose devant notre véhicule.

L'écrivain conduisait prudemment, moins pour Fred que pour lui-même. Il n'avait pas déclenché la sirène.

Moi, j'épiais la route derrière nous. Parce que les prochaines minutes seraient les plus dangereuses. J'ai mémorisé les trois ou quatre voitures qui nous suivaient. Au fil des ronds-points, elles ont fini par disparaître dans des rues adjacentes.

Dès que nous avons rejoint la route de Bergerac, j'ai bien cru qu'une camionnette nous avait pris en chasse. Mais quand, cinq kilomètres plus loin, j'ai demandé au conducteur d'emprunter la départementale de Branne, elle a poursuivi sa route tout droit, ouf !

Après avoir dépassé le menhir de Peyrefitte, j'ai prié Nelson Rapur de ralentir. Une minute a coulé. Aucun véhicule n'est apparu dans le rétroviseur.

Nous étions seuls.

J'ai poussé un soupir de soulagement. Si une attaque avait dû avoir lieu, elle se serait produite ici et maintenant.

L'ambulance a repris sa route à vitesse normale pour traverser Saint-Sulpice-de-Faleyrens. Au crépuscule, le village paraissait désert. Dans l'ambulance, la tension était palpable. Personne n'a osé parler jusqu'à ce que nous passions le pont qui franchit la Dordogne. Un pont métallique si étroit qu'il offre une seule file aux véhicules qui s'y engagent. Ce que le nôtre a fait avant de stationner cent mètres plus loin, sur la place du bourg de Branne, près de la halle aux prunes.

C'était le lieu de notre rendez-vous avec mes grands-parents.

— À quelle heure seront-ils là ? m'a demandé Aminata.

— Ils ne vont pas tarder.

Par mesure de sécurité, ils étaient partis cinq minutes après nous.

En cas d'agression, ils seraient arrivés rapidement et auraient appelé les secours avec mon portable, qu'Aminata avait rechargé.

— Quel beau village ! a murmuré Rapur. Vos grands-parents habitent une région magnifique, je vais me sentir en vacances !

Aminata a approuvé tristement. Pour elle, ce serait un transit.

Depuis cette place, on pouvait voir le clocher de l'église illuminé. Et l'hôtel de France, dont le garage était resté ouvert. Le gérant était un ami de M. Bigarroux, qui nous avait demandé de laisser Fred à l'hôtel.

Deux véhicules sont passés sur la route, en direction de Libourne ; aucun ne s'est arrêté.

Peu après, la voiture de mes grands-parents est arrivée. J'ai aperçu mamy qui levait son pouce en signe de victoire. Nous avons démarré pour nous garer à côté d'eux dans la cour déserte de l'hôtel de France.

Là, tout le monde est sorti pour se congratuler.

Fred m'a serrée contre lui un peu plus qu'il ne l'aurait dû.

— Géniale, ton idée, Emma ! m'a-t-il chuchoté. Félicitations.

Il n'y avait pas de temps à perdre. Nous devions nous séparer.

Fred a fait la bise à Aminata, que je lui avais à peine présentée. Il a serré la main de mes grands-parents puis celle de l'écrivain.

— Vous êtes bien sûr, monsieur Rapur, que... ?

— Oui. Le plus sage est que vous ignoriez où je vais, comme je l'ignore aussi. Et ne cherchez pas à le savoir, OK ?

De mauvaise grâce, Fred a approuvé.

— Malgré cela, a ajouté l'écrivain, le ministère voudra sûrement retrouver ma trace. Qui sait, nous nous reverrons peut-être ?

Alors Fred s'est tourné vers moi. Comme lui, j'ai songé que nous, nous ne nous reverrions pas. Il ne connaissait que mon prénom et ignorait où vivaient mes grands-parents. Et il venait de s'engager à perdre la trace de celui qu'il devait suivre.

J'ai lu du regret dans son regard... et autre chose aussi, à moins que je ne me sois monté la tête ? Océane, elle, sait traduire ce qui se passe dans l'esprit des garçons. Pas moi. Pourtant, qu'il ne me fasse pas la bise m'a paru bizarre.

Mamy, Aminata et moi nous nous sommes entassées à l'arrière.

Nelson Rapur s'est installé à côté de mon grand-père.

Puis notre voiture est sortie de la cour de l'hôtel, a traversé le pont en sens inverse et rejoint la route de Bergerac au croisement vers Saint-Pey-d'Armens.

De temps en temps, je vérifiais que nous n'étions pas suivis. Mais il aurait fallu un drone pour que notre manège ait été percé à jour !

Une demi-heure plus tard, papy franchissait la grille de la maison qui allait devenir le refuge de nos deux invités...

Chapitre 13

— C'est bien ce que je disais, s'est écrié Rapur en désignant les pigeonniers qui encadraient la grande bâtisse : un vrai palais !

— Non, a rectifié papy, une vieille ferme rénovée. Avec, il est vrai, un joli verger qui donne sur la Dordogne. Non, laissez donc Emma porter votre sac !

Ma grand-mère nous a fait entrer dans la salle à manger et m'a désigné l'escalier.

— Emmène monsieur Rapur dans la chambre d'amis. Pour Aminata, le plus simple est qu'elle dorme dans la tienne. Et toi, dans le grenier aménagé. Le matelas est dans ton placard.

— Ne t'inquiète pas, mamy, on va se débrouiller.

— Quand je pense qu'on n'a pas déjeuné ! Je m'occupe du dîner...

— Je vais vous aider, madame ! s'est écriée Aminata.

— Moi aussi, mamy. On te rejoint dans dix minutes.

En entrant dans ma chambre qui n'a rien de luxueux, la nouvelle venue a écarquillé les yeux. Par la fenêtre ouverte, elle a admiré les pommiers et les pruniers du verger alignés jusqu'à la rivière. La lune s'y reflétait entre deux nuages. Au-delà, on devinait les stries des rangées de vignes qui s'étageaient vers Monbazillac. Soudain, elle a reculé en voyant les furtives formes noires qui zigzaguaient devant la fenêtre.

— N'aie pas peur, ce sont des pipistrelles. De petites chauves-souris. Elles nichent derrière les volets, c'est pour ça qu'on ne les ferme jamais. Elles sont très utiles, elles mangent les moustiques !

Comme je gonflais le matelas pneumatique, elle m'a suppliée :

— Emma ? S'il te plaît, reste ici, avec moi. Et laisse-moi le matelas, dors dans ton lit. Si, si ! Je t'en prie.

Elle semblait si impérative que j'ai obéi. Je lui ai montré mon vieil ordinateur portable installé sous la fenêtre.

— N'hésite pas à l'utiliser, il est relié à Internet. Fais comme chez toi.

— Si tu savais... c'est tellement mieux que chez moi, Emma !

Pendant qu'elle rangeait ses affaires dans mon armoire, je me suis éclipsée dans le couloir. J'ai appelé Océane pour la remercier et lui résumer l'arrivée de nos deux invités. Elle m'interrompait sans cesse pour s'exclamer :

— C'est dingue ! Qu'on ait pu faire ça à cette fille... en France, au vingt et unième siècle, j'en reste sans voix ! (Une façon de parler, car elle ne me laissait pas en placer une.) Tu sais, Emma, qu'on a parlé de ton écrivain au journal télévisé de ce soir ?

— Non. Depuis ce matin, je n'ai pas eu une minute pour...

— Tu savais qui c'était, ce Nelson Rapur ?

Océane n'avait jamais entendu parler de lui. Grâce aux magazines du salon de coiffure de sa mère, elle connaissait moins les écrivains célèbres que les vedettes de la télévision.

— Surtout, garde tout ça pour toi, Océane. Pour cet écrivain en fuite, c'est une question de vie ou de mort. Pour nous aussi. À la moindre indiscrétion, les terroristes débarqueront ici !

— Tu me vois trahir ma plus vieille amie ? Au fait... si tu étais sur écoute, tu y as pensé ?

— Je n'y crois pas. Dans ce cas, il faudrait surveiller les lignes de tous les patients et du personnel de l'hôpital Robert-Boulin !

— Ce garçon qui t'a tapé dans l'œil là-bas, comment il s'appelle ?

— Fred. Il ne m'a pas tapé dans l'œil, Océane. Il m'a fait une confiance totale. Je n'en reviens toujours pas.

— Je suis sûre qu'il va chercher à te revoir !

— Impossible. Ne te monte pas la tête.

— Et cette Aminata, tu me la présenteras ? Tu sais, je suis jalouse du temps que tu vas passer avec elle ! Toi qui veux écrire des romans, tu tiens deux sujets en or !

— Peut-être. Mais je n'ai pas un moment à moi pour écrire.

Quand on est redescendues dans la salle à manger, on a eu la surprise de trouver papy et Nelson Rapur occupés à mettre la table. Les deux hommes sympathisaient et riaient jusqu'à ce que l'écrivain porte la main à son cou en grimaçant.

— Je vous l'avais dit ! a grondé mon grand-père en l'obligeant à s'asseoir. Je vais vous rendre votre mentonnière. Ah, vous tombez bien les filles, venez me donner un coup de main.

Mamy avait découpé des tranches du gros

jambon à l'os pendu dans la cuisine, préparé une salade de tomates du jardin et improvisé une omelette géante aux cèpes. Nelson se confondait en compliments. Et comme papy lui disait son admiration pour ses livres, qu'il avait presque tous lus, l'écrivain l'a interrompu.

— Savez-vous qu'en m'hébergeant, vous prenez un gros risque ? Ce matin, dix-sept personnes sont mortes par ma faute. Je me demande comment les Vengeurs de Dieu ont appris que je serais dans ce train... j'étais sûr d'avoir pris toutes mes précautions.

— Moi, a avoué Aminata d'une petite voix, je savais que vous seriez dans ce train, monsieur Rapur.

— Qu'est-ce que vous dites ? Mais comment... ?

— Une amie à moi me l'a appris ce matin, au téléphone. J'ai couru jusqu'à la gare mais j'ai raté le TGV. C'est dans le train suivant que j'ai rencontré Emma et...

Aminata a hésité à poursuivre et j'ai pris le relais :

— Elle était en détresse et... Aminata, tu ne veux pas tout raconter ? Expliquer à M. Rapur que tu voulais te mettre sous sa protection ?

Trop impressionnée, elle m'a encouragée à le faire. Je n'ai oublié aucun détail. Et pour les plus intimes, j'ai quêté l'approbation d'Aminata, qui ne cessait de la donner.

Une fois mon récit achevé, l'écrivain a laissé planer un silence.

— Je suis scandalisé. Et furieux de voir comment l'islam est mal interprété ! Quand la religion se réclame de la tradition, je commence à me méfier. De la tradition aux mutilations, il n'y a qu'un pas. Je suis indigné de tout ce qu'on t'a fait subir...

Il a pris Aminata dans ses bras ; et chez elle, une ombre de bonheur a occulté sa tristesse. Mes grands-parents et moi, on essayait de cacher notre émotion.

— Avez-vous entendu parler d'Aliaa Elmahdy ? a demandé mon grand-père.

— Cette jeune Egyptienne qu'on a arrêtée en 2011 parce que son ami Karim l'avait prise par l'épaule dans la rue ? Oui. Elle a sollicité l'asile politique en Suède ; et Karim a écopé de quatre ans de prison !

Me souvenant qu'Océane avait suivi l'affaire, j'ai dit :

— C'est elle qui, pour protester, a posé nue sur Internet ?

— Exact, a confirmé Rapur. Pour la soutenir, quarante Israéliennes l'ont imitée. Un acte courageux, même si je m'interroge sur cette façon d'affirmer qu'on dispose de son corps.

— Peu après, une de ses compatriotes, Samira Ibrahim, a été arrêtée place Tahrir, a poursuivi papy. Elle a dû subir en public un test de virginité ! Elle a porté plainte, mais les autres femmes agressées comme elle n'ont pas osé. En Égypte, il paraît qu'on tue parfois les filles qui se donnent avant le mariage.

— Ailleurs, on les tue parfois à la naissance, a affirmé Nelson. Simplement parce que ce sont des filles ! Pourtant, l'*Habeas corpus* devrait garantir que chacun est maître de son corps, et que nul autre ne peut en disposer : aucun individu, aucune religion ni aucune tradition. Cela signifie aussi que vous devez en prendre soin – je pense surtout à vous, les filles. Le corps et l'esprit doivent rester sains. Ne les confiez jamais à celles ou ceux qui pourraient les manipuler, les salir.

Même si l'écrivain s'adressait à Aminata et moi, mes grands-parents étaient très attentifs. J'ai vu papy approuver et mamy écraser une larme en douce. Ce discours me rappelait un peu ceux de ma mère. Sauf qu'ici, j'étais dix fois plus convaincue.

J'ai alors pris conscience qu'autour de cette

table, catholiques et musulmans étaient mêlés. Il y avait aussi des croyants et des athées. S'il avait été baptisé, papy ne cachait pas qu'il n'avait plus la foi. Finalement, j'étais un peu à l'origine de cette réunion.

Rompant le fil de mes pensées, Nelson Rapur a murmuré :

— Dans la vie, j'ai eu beaucoup de chance. À l'école, j'ai bénéficié d'enseignants qui m'ont fait accéder au savoir. J'ai pu me rendre en Angleterre, publier des livres, me marier, avoir des enfants...

Une ombre est passée dans son regard. Je savais que sa femme était morte en lui laissant deux filles handicapées. Le décès de son épouse l'avait beaucoup affecté. Rapur avait évoqué ces faits dans un récit déchirant dont ma mère m'avait parlé. Il s'était alors investi dans des institutions qui luttaient contre l'exclusion.

— Invité en France, j'y suis resté. À mes yeux, ce pays symbolise la lutte pour l'indépendance et les libertés. Même si le racisme et l'intolérance y rôdent encore parfois...

Il a levé les yeux vers mes grands-parents comme s'il sortait d'un rêve éveillé.

— Je vous présente mes excuses. J'exprime des opinions qui...

— Ce sont les nôtres ! a affirmé papy. Ici, il y a

cinq cents ans, les guerres de religion ont fait des ravages. Catholiques et protestants se sont massacrés. Aujourd'hui, l'église et le temple cohabitent. Nous avons deux écoles, une privée et une publique ; mais les élèves déjeunent dans la même cantine. Le village accueille les gens du voyage et leurs enfants sont scolarisés.

— Qu'allons-nous faire pour Aminata ? a demandé l'écrivain.

— Demain, je demanderai conseil au fils de mon ami d'enfance ; il est responsable de la gendarmerie locale.

Il a deviné la peur dans le regard de la jeune fille et a ajouté :

— Il saura quelles structures peuvent t'accueillir. Nous prendrons tout le temps d'y réfléchir.

— Dis-moi, Aminata, a demandé Rapur, l'amie qui t'a révélé que je serais dans ce train... c'est Nelly Ransart, n'est-ce pas ?

— Oui ! Vous la connaissez ?

— Non, je ne l'ai jamais vue. Mais cette jeune fille écrit et son style m'intéresse. Comme je devais aller dans le Sud-Ouest, je lui avais donné rendez-vous à midi et demi au buffet de la gare Saint-Jean. Je n'imaginais pas qu'elle aurait pris le risque de...

Il réfléchissait. J'ai cru deviner ce qui le préoccupait :

— Vous pensez qu'elle aurait pu prévenir les Vengeurs de Dieu ?

— Non. Les terroristes savaient que je serais dans la voiture de tête. Ce détail, Nelly et sa mère l'ignoraient !

— La mère de Nelly était aussi au courant de votre voyage ?

— Oui. Je les appellerai demain. Ou j'irai les voir. Je dois tirer cette affaire au clair.

Un détail m'avait frappée : Rapur avait voulu rencontrer cette Nelly parce qu'il appréciait son écriture. Je savais qu'il s'intéressait aux auteurs débutants. À Londres, il avait longtemps animé des ateliers de ce que les Anglo-Saxons nomment *creative writing*. Le moyen pour lui de détecter et d'aider de jeunes talents.

Or, j'écrivais, moi aussi ! Bon, le moment était mal choisi pour lui en parler et me mettre sur les rangs. Pourtant, c'était la chance de ma vie ! On n'a pas tous les jours l'occasion d'avoir un grand écrivain sous la main.

Aminata a remis la question sur le tapis.

— Si j'ai pensé à appeler Nelly, c'est parce que je communiquais avec elle sur Internet. Je savais qu'elle serait de bon conseil. Mais j'ignorais qu'elle écrivait.

— Elle a remporté le premier prix d'un

concours de nouvelles, a expliqué Nelson Rapur. Avec un texte d'une qualité exceptionnelle.

Là, j'ai été interloquée.

— Vous voulez parler du concours de *Jeunes écrits* ?

— En effet. Tu connais cette revue, Emma ?

— Et pour cause. C'est moi qui ai décroché le deuxième prix !

Rapur a été aussi étonné que moi. Sans parler de mes grands-parents ! Puis il a froncé les sourcils.

— Attends... j'ai relu ton texte ce matin dans le TGV. C'est une histoire qui se passe dans un train, la rencontre d'une jeune fille avec un garçon qui lui propose de partager son goûter... *Avec un peu d'amour et beaucoup de chocolat*, c'est ça ?

C'était un miracle ! La gorge serrée, j'ai confirmé :

— Oui. C'est incroyable ! Et... vous avez aimé ?

— Beaucoup.

— Mais comment se fait-il que... que vous l'ayez lue ?

— Bien obligé, Emma ! J'étais le président du jury.

Chapitre 14

Ces révélations ont semé le trouble à table. Si bien que personne n'a félicité mamy pour la tarte aux mirabelles qu'elle venait de servir.

— Qu'est-ce que tu nous apprends, Emma ? s'est exclamé papy. Tu as décroché un prix dans un concours littéraire ?

— Oui. Dans une revue que... que M. Rapur semble connaître.

— Mais oui ! L'éditeur du magazine, Ramier-Riom, est celui qui publie mes ouvrages en France.

— C'est magnifique ! a rugi mon grand-père. Tu aurais pu nous dire ça plus tôt, Emma !

— Mon récit est sorti ce matin. Je vous le montrerai demain.

— Il faut l'annoncer à tes parents ! a enchaîné mamy. Ah, il est 23 heures, trop tard pour les appeler.

N'empêche que le jury avait jugé la nouvelle de cette Nelly Ransart meilleure que la mienne... J'ai décidé que ma rancœur était ridicule : après tout, ce soir, c'était moi qui avais l'écrivain à ma table.

— Votre tarte est délicieuse, madame ! s'est enfin écrié Rapur. Croustillante et fondante à la fois. Félicitations.

Mamy a rosi de plaisir, et papy a proposé un alcool de prune à son invité ; il n'a pas dit non.

Ce soir-là, Rapur m'a impressionnée. On est inquiet et parfois déçu de connaître l'auteur qu'on a lu, parce qu'il ne correspond pas à l'idée qu'on s'en faisait. L'œuvre semble alors supérieure à son créateur. La personnalité de Nelson me donnait envie de lire ses autres livres. Je savais que je les apprécierais à travers l'écho de ce qu'il nous disait.

***

Le lendemain matin, j'ai vu qu'Aminata avait quitté la chambre sans me réveiller. Je l'ai trouvée dans la cuisine avec Rapur et mes grands-parents, qui achevaient leur petit déjeuner. Ils m'ont fait signe de me taire, ils écoutaient les informations.

« *L'enquête a révélé que le camion jeté sur la voie appartient à une entreprise de bâtiment. Le chauffeur a été mis hors de cause, son véhicule avait été volé la veille. Quant à Nelson Rapur, il aurait quitté l'hôpital Robert-Boulin la nuit dernière, en bonne santé.* »

Je m'attendais presque à ce qu'on évoque la fugue d'Aminata. Il n'en a pas été question.

L'écrivain a proposé de se rendre utile ; scandalisée, mamy lui a assuré qu'il avait quartier libre.

— Alors je vais m'isoler dans ma chambre. J'ai un texte urgent à boucler pour le journal *Sud Ouest*, je dois rencontrer le rédacteur en chef à Bordeaux.

— Je pourrais vous y conduire ? a aussitôt proposé papy.

— C'est très aimable à vous. Je vais joindre aujourd'hui deux ou trois amis ; j'aurai un point de chute dès lundi.

De mon côté, l'urgence était d'appeler mes parents pour leur annoncer mon prix et le récit publié dans *Jeunes écrits*.

— Je vais acheter la revue ! a promis ma mère au bout du fil. Je suis très fière de toi, Emma.

J'annoncerai la bonne nouvelle à ton père quand il rentrera ce soir... s'il rentre.

Sa conclusion était si amère que j'ai raccroché sans chercher à avoir des précisions. Mon père ne passait plus de week-ends à la maison...

À l'autre bout de la salle à manger, Aminata m'a demandé :

— Est-ce que... je peux téléphoner, moi aussi ?

— Bien sûr !

— J'aimerais rassurer ma mère, tu crois qu'on me la passera ?

J'ai pris les choses en main et composé le numéro de la villa de Neuilly. Je suis tombée sur la propriétaire. D'une voix pleine d'aplomb, j'ai demandé à parler à la maman d'Aminata.

— Qui êtes-vous, mademoiselle ?

— Une amie à elle. Ce qu'elle a à dire à sa mère ne vous regarde pas. À moins que vous ne vouliez signaler sa disparition à la police ?

Trente secondes plus tard, Aminata avait sa mère au bout du fil. Sans quitter la pièce, je me suis éloignée. Je voulais l'encourager de loin, l'empêcher de céder à des supplications ou aux ordres de son frère. Inutile, elle est restée ferme !

— Où je suis ? En sécurité... Non, tu ne le sauras pas... Oui, je vais bien, maman. Non, il n'en est pas question... C'est moi qui te rappellerai... Je ne sais pas.

Ensuite, elle s'est tue ; j'ai deviné que sa mère l'abreuvait d'imprécations. Aminata a conclu sur quelques mots en langue étrangère avant de raccrocher... mais ses mains tremblaient.

Papy est arrivé à ce moment-là ; il nous a ordonné :

— Allez les filles, suivez-moi ! Ce matin le programme est chargé.

Il nous a d'abord emmenées à la gendarmerie ; mais il nous a laissées seules dans la voiture.

Nous l'avons attendu une demi-heure. Quand il est ressorti, il semblait préoccupé.

— Ce n'est pas si simple. Aminata pourrait faire appel à l'aide sociale à l'enfance ou au réseau Éducation sans frontières, eh oui, elle n'est pas majeure. Peut-être aussi à l'AFVMC*.

— Qu'est-ce que c'est, papy ?

— Des associations qui défendent les étrangers en situation irrégulière. À Bordeaux, j'irai me renseigner.

Aminata a baissé la tête.

— Contrairement à ce qu'on croit, nous a affirmé papy, sur les trois ou quatre cent mille

* L'association Aide aux familles et victimes des migrations clandestines.

sans-papiers qui vivent en France, quatre-vingt-dix pour cent sont salariés. Ce n'est pas le cas d'Aminata et de sa mère ; elles relèvent plutôt de ce qu'on appelle l'esclavage domestique.

Il s'est remis au volant et a rejoint la route de Libourne.

En pénétrant sur le parking de l'hôpital Robert-Boulin, j'ai eu un moment d'appréhension. Mais les Vengeurs de Dieu n'étaient sûrement plus là puisqu'ils avaient raté leur proie.

Aminata a été prise en charge par le même service que la veille.

Elle est réapparue moins d'une heure plus tard, sourire aux lèvres.

— La gynécologue m'a donné des médicaments... et des conseils. Finalement, je m'en tire bien, Emma. Grâce à toi.

Je me suis mordu les lèvres pour ne pas lui répondre : *Oui, pour l'instant.*

Chapitre 15

Le lendemain, Aminata m'a demandé de lui montrer la maison, le verger, les bords de la Dordogne, le village.

Elle écarquillait les yeux en murmurant sans arrêt :

— Quelle chance... quelle chance tu as, Emma, d'avoir des grands-parents et de passer tes vacances ici !

À ce moment-là, je n'avais pas conscience d'être privilégiée. D'avoir une famille aimante, le logis et le couvert assurés, un confort de vie exceptionnel. J'avais la chance d'être née dans un pays sans guerre et de suivre des études sans soucis financiers.

On a déjeuné tôt parce que papy avait

projeté de nous emmener à Bordeaux, Nelson Rapur, Aminata et moi.

L'écrivain avait remis sa minerve.

— En ville, lui a demandé papy, vous ne redoutez pas d'être identifié par vos ennemis ?

— Non. Ils ne sont pas si nombreux. Quelques dizaines en France. Sans ma barbe, je suis méconnaissable. Et qui reconnaîtrait un écrivain dans la rue ? D'ailleurs je ne quitterai votre véhicule que pour entrer dans l'immeuble.

Papy a déposé Nelson à la rédaction de *Sud Ouest*. Comme nous avions deux heures à tuer, j'ai emmené Aminata visiter le pont de pierre, le miroir d'eau, le Grand Théâtre, la place de la Bourse et les Quinconces... Ensuite, on a récupéré notre écrivain pour le conduire rue Méry, à deux pas du Jardin botanique.

Là, il a sorti son smartphone pour appeler les Ransart.

— Vous aviez pris rendez-vous avec elles ? a demandé papy.

— Non. Trop imprudent. Je préfère les surprendre.

À en juger par la conversation qu'il a d'ailleurs écourtée, Nelly et sa mère ne s'attendaient pas à sa venue. Il a raccroché et s'est tourné vers Aminata et moi.

— Vous m'accompagnez toutes les deux ?

— Moi aussi ? ai-je répondu. Mais...

— Tu seras témoin de notre entretien, Emma. Vous ne bougez pas, monsieur Dufay ?

— Bien sûr que non ! Prenez votre temps.

Je ne me suis pas fait prier. Nelson a sonné à l'interphone ; on a monté un étage à pied, et une petite femme brune nous a aussitôt ouvert la porte en écarquillant les yeux.

— Monsieur Rapur ? C'est... je suis tellement honorée ! Alors vous êtes remis ? J'avais cru...

— Je vais bien, merci. Nous en reparlerons plus tard.

— Vous auriez dû nous prévenir, Nelly et moi ! Nous aurions...

— Je vous prie de pardonner cette visite imprévue, madame. Voici Emma et Aminata. Je voulais vous rencontrer pour deux raisons.

— Entrez, asseyez-vous ! Je peux vous faire un thé ? Un café ?

— Du café, merci.

J'ai souri. Nelson, qui adore le thé, ne boit que celui qu'il a dans ses bagages. Un cru rare et coûteux d'après ce que j'ai compris.

Une fille de notre âge est alors arrivée. Aussi brune et mince que sa mère. Elle était écarlate et n'a pas eu un regard pour nous.

— Nelly ? a supposé Nelson en se levant pour lui serrer la main. Je tiens à te féliciter – je peux te dire tu ? Ton texte est remarquable.

Nelly était très troublée. La visite éclair de Rapur était sans doute l'un des grands moments de sa vie ! Elle m'a serré la main en se demandant sûrement qui je pouvais être. Mais en saluant celle qui m'accompagnait, elle a sursauté :

— Alors... c'est toi, Aminata ? Donc tu as réussi à...

— Oui, a interrompu Nelson. Nous avons fini par nous retrouver. Désolé d'avoir raté notre rendez-vous à la gare, Nelly.

Visiblement, la fille de Mme Ransart n'avait pas la conscience tranquille. Avait-elle joué un rôle dans l'attentat ?

— Aminata m'a avoué qu'elle t'avait appelée hier matin. Tu lui as alors révélé que je serais dans le train. Comment as-tu deviné que c'était moi que tu devais rencontrer ? (Ça, c'était de l'inédit ! Jusqu'ici, j'avais cru que cette Nelly Ransart savait qu'elle avait rendez-vous avec Nelson Rapur !) Je ne t'avais jamais dit qui j'étais. Je t'avais seulement confié que je faisais partie du jury.

Nelly, au bord des larmes, ne savait plus où se mettre.

— C'est moi qui ai compris qui vous étiez, a alors déclaré sa mère. Vous aviez appelé deux fois chez nous et j'ai reconnu votre voix au téléphone.

Nelson ne s'est pas troublé.

— C'est donc ça ! Vous êtes journaliste à *Sud Ouest*, madame, n'est-ce pas ?

Mme Ransart a été à son tour interloquée.

— Eh bien... c'est vrai, en effet ! Comment l'avez-vous appris ?

— C'est sans importance. Voyez-vous, madame, j'ai été trahi. Peu de gens savaient que je prendrais ce train. Vous en faisiez partie. Grâce aux confidences d'Aminata, j'ai d'abord soupçonné votre fille de m'avoir identifié et d'être à l'origine d'une fuite...

— Non ! s'est écriée Nelly. Je n'ai parlé de vous qu'à Aminata !

— Je te crois. À 7 heures du matin, le piège était déjà en place. La trahison est donc antérieure. Si votre fille n'a prévenu qu'Aminata, madame, vous comprendrez que je vous soupçonne d'être l'auteur d'une indiscrétion : la cause d'un attentat qui a provoqué dix-sept morts. Sans parler des blessés.

L'interpellée était devenue très pâle. Ses mains tremblaient quand elle les a levées, implorantes, vers Nelson.

— Monsieur Rapur, je n'ai parlé de vous à

personne ! Je vous le jure ! Je n'ai aucun lien avec... avec les Vengeurs de Dieu. J'espérais vous rencontrer, vous interviewer, c'est vrai.

— Réfléchissez. Un mot lancé par inadvertance à une amie, un collègue ?

— Personne ! Et certainement pas à l'équipe de *Sud Ouest*.

— Je sais, on me l'a confirmé.

Après deux secondes de stupéfaction, Mme Ransart a renchéri :

— Cet attentat m'a bouleversée, je n'ai jamais évoqué votre venue.

— Je vous crois aussi.

La sécheresse du ton n'admettait pas de réplique. À trois pas de sa mère, Nelly restait figée. Choquée.

— Changeons de sujet, a enchaîné Nelson en se tournant vers Nelly. J'ai été impressionné par la qualité de ta nouvelle. Je voulais te poser la question : l'as-tu rédigée seule ?

La panique de Nelly, son silence éloquent livraient déjà la réponse. Prise de court, elle a regardé sa mère qui a avoué :

— Non, monsieur. J'ai aidé Nelly. Mais je tiens à préciser que...

— Merci de votre honnêteté. C'est tout ce que je voulais savoir.

— Ma fille a de vrais talents littéraires, monsieur Rapur ! Elle écrit des poèmes depuis des années et elle tient un blog qui...

— Je n'en doute pas. Et je vous félicite. Je vous encourage d'ailleurs, madame, à m'envoyer l'un de vos manuscrits.

Entre-temps, Nelly s'était effondrée dans un fauteuil. Elle était à la limite de la crise de nerfs, débordée de confusion et de honte.

Mon premier sentiment, je l'avoue, a été la révolte. Cette fille avait décroché un prix qu'elle ne méritait pas ! La compassion a vite surmonté le dépit. Eh oui, j'étais malheureuse pour elle. Après tout, elle avait été manipulée. Et on lui faisait subir une sacrée humiliation. Aminata a été la rejoindre, elle s'est assise sur un accoudoir. J'ai fait de même et j'ai entouré les épaules de ma concurrente.

— Nelly ? Eh, dis-moi, ça va ?

— Non. Non, ça ne va pas !

Un cri moins chargé de chagrin que de rage. Une colère dont sa mère devait être en partie la cause. Là encore, je me suis mise à sa place. Soudain, elle a bondi de son siège et quitté la pièce.

Nelson, qui buvait le café que Mme Ransart lui avait servi, m'a lancé en voyant qu'on se levait aussi :

— Bonne idée, les filles ! Vous nous laissez seuls un moment ?

Aminata et moi, on a suivi Nelly dans le couloir. Quand elle s'est réfugiée dans sa chambre, j'ai cru qu'elle allait nous fermer la porte au nez. J'étais loin d'imaginer qu'elle se retournerait vers nous, relèverait un visage inondé de larmes et nous ouvrirait ses bras en murmurant :

— Venez... oh oui, s'il vous plaît, entrez !

Chapitre 16

J'ai voulu minimiser l'incident.

— Il ne faut pas en faire un drame, Nelly ! Tout va bien, tu as eu le premier prix. Et Rapur est vivant, tu ne l'as pas trahi.

Elle ne m'a pas prêté attention et a tendu les mains vers Aminata.

— Le principal, c'est que tu aies pu t'enfuir. Que tu sois là. C'est un miracle, j'étais folle d'inquiétude et je ne savais pas comment te joindre... Dis-moi, comment tu t'en es sortie ?

Aminata a résumé tout ce qui lui était arrivé. De temps en temps, elle quêtait mon accord d'un regard et je lui faisais signe de continuer. Désormais, Nelly savait que l'écrivain était hébergé chez nous. Pas grave : dans trois jours, il serait parti sans laisser d'adresse. Et j'étais sûre qu'elle tiendrait sa langue.

Nelly avait pris Aminata par la main comme si elle craignait de la perdre une nouvelle fois. Elle écoutait son récit bouche bée, en réprimant parfois un frisson. Elle m'a prise à témoin – enfin !

— C'est horrible, ce qu'on lui a fait subir, tu ne trouves pas ?

— Oui. En France, les femmes sont maîtresses d'elles-mêmes ; mais ailleurs, il y a du chemin à parcourir !

— J'aimerais parler de toi dans mon blog, Aminata. Raconter ton histoire. Au besoin en changeant ton prénom. Il faut que mes lecteurs sachent tout ça, tu veux bien ?

Aminata a hoché la tête et j'ai demandé :

— Tu as un blog ?

— Oui. Je parle de mes lectures, de l'actualité. Je mets en ligne mes poèmes, mes nouvelles... j'ai des milliers de connexions par semaine. Et huit cents amis sur Facebook.

— Ouah ! Félicitations. Tu me donneras tes coordonnées ?

— Bien sûr. Il faut qu'on garde le contact. Et qu'on n'abandonne pas Aminata. Tu es sur Facebook, Emma ?

— Non. Et je n'ai qu'une amie. Une vraie. (J'ai eu peur de l'avoir vexée.) Je veux dire... ai-je balbutié.

— J'ai compris. Je sais que tu as raison. Mais je me sens si isolée...

— On a d'autres points communs, Nelly. Moi aussi, j'écris.

— C'est vrai ? Des poèmes ?

— Des nouvelles. J'ai même commencé un roman. Au concours de *Jeunes écrits*, j'ai décroché la deuxième place.

Une série de déclics a dû se faire dans sa tête. Elle a vite déduit :

— Mais alors... alors c'est toi qui aurais dû avoir le premier prix ! Tu sais, j'étais furieuse quand ma mère a remanié mon histoire !

Elle s'était remise à bouillonner de dépit.

— Du calme ! Ça n'a aucune importance.

— Ma mère...

— Je sais ce que c'est, Nelly. J'ai des problèmes avec la mienne. Moins graves que ceux d'Aminata.

— Tes parents sont divorcés, eux aussi ?

— Non. Pas encore. Mais ça n'est pas plus confortable.

J'ai fini par lui livrer des confidences. Aminata nous écoutait attentivement. À côté des siens, nos soucis devaient lui sembler nuls, de la roupie de sansonnet, aurait dit ma mère dans son langage littéraire et fleuri.

***

Une heure plus tard, on papotait encore comme trois vieilles copines. Nelly se souciait moins de l'avenir de Nelson que de celui d'Aminata. Elle connaissait les associations auxquelles papy avait l'intention de faire appel. Pour plaisanter, elle a lancé :

— On devrait en fonder une nouvelle, toutes les trois ! Elle rassemblerait les filles qui veulent échapper à... eh bien à l'emprise de leur mère, pour commencer. Ça ferait déjà du monde, non ?

On s'est mises à rire et Mme Ransart est entrée sans même frapper à la porte.

— Monsieur Rapur s'en va. Nelly ?

Sa fille s'est levée comme un automate. Sa mère devait la mener à la baguette. Quand on lui a fait la bise, je lui ai chuchoté à l'oreille :

— Je t'enverrai des mails. Des textos. J'espère qu'on va se revoir !

***

On a regagné la voiture, où Nelson a repris sa place près de papy.

— Désolé monsieur Dufay, ça a été plus long que prévu !

— Pas grave. Voyez : j'avais de la lecture, votre premier roman, il faudra que vous me le dédicaciez... On rentre au village ? Ça ira ? Vous ne souffrez pas trop de vos vertèbres ?

— Non. Mais je serai content de me reposer chez vous, c'est vrai.

Il se trompait. La journée était loin d'être achevée…

***

Quand papy s'est engagé sur l'allée qui menait à la maison, j'ai reconnu la voiture de mon père. Mais j'ai surtout été intriguée par celle qui stationnait derrière elle. Une vraie limousine d'ambassadeur !

Et si je me doutais que mon père était là, j'étais loin d'imaginer qui nous attendait dans la salle à manger...

Chapitre 17

— Fred ?

En nous voyant entrer, il s'est levé. Avec sa jambe raide, il a eu mille difficultés à s'extirper du fauteuil. Dans ce costume de ville à cravate, il paraissait dix ans de plus !

Mon père s'est précipité pour me prendre dans ses bras.

— Papa, quelle surprise ! Comme je suis heureuse !

— J'avais très envie de te voir, Emma. J'ai eu si peur...

— Maman est là ?

— Non. À vrai dire... quand je suis parti ce matin, je ne savais même pas que je viendrais jusqu'ici. Je t'expliquerai. Je suis si fier de toi.

J'ai acheté *Jeunes écrits* et j'ai lu ta nouvelle... c'est magnifique !

Il a fallu que je le délaisse parce que Fred attendait, à l'écart. J'ai failli lui faire la bise mais il m'a tendu la main et je lui ai stupidement demandé :

— Comment tu as trouvé mon adresse ?

— L'hôpital, Emma. Ton grand-père y avait laissé ses coordonnées à cause des soins apportés à Aminata. Monsieur Rapur ? Bonsoir. Je suis désolé de vous poursuivre...

J'ai réalisé que Fred n'avait pas cherché à me revoir. Ni mes grands-parents, ni moi. C'était pour Nelson Rapur qu'il était là ! Mamy a fait les présentations en précisant :

— Monsieur Coppin est arrivé il y a trois heures. Et ton papa peu après. Je ne savais pas quand vous rentreriez...

— Eh bien ? a sèchement jeté Nelson à Fred.

— Eh bien j'ai du nouveau. Jeudi, après l'attentat, le ministère avait reçu un message des Vengeurs de Dieu. Mais nos experts ont eu un doute : la voie et les termes utilisés étaient différents de ceux de ces terroristes. Hier soir, un fax est arrivé dans nos bureaux. Un texte authentifié qui cette fois émane bel et bien des intégristes. S'ils se réjouissent de l'attentat, ils nient en être les auteurs tout en déplorant que Nelson Rapur n'ait pas péri.

Devant le silence qui s'installait, papy a suggéré :

— Ce serait donc... un accident ?

— Impossible, a assuré Fred. On a volontairement balancé ce camion sur la voie. Avec l'intention de tuer. Qui d'autre que les Vengeurs de Dieu veulent votre peau, monsieur Rapur ?

— Je ne me connais pas d'autres ennemis, Fred. Les terroristes ont sans doute des sympathisants !

— Ce qui est bizarre, c'est qu'on a voulu leur faire porter le chapeau.

— Et vous êtes venu m'en informer ? a grommelé l'écrivain.

— Non. J'ai été chargé de vous retrouver pour identifier les auteurs de l'attentat.

— Mais cela ne vous concerne pas, monsieur Coppin ! Votre mission consistait à vous servir de moi pour démanteler la secte des Vengeurs de Dieu, non ? Et ils ne sont plus en cause !

Là encore, je suis tombée des nues. Jusque-là, je m'étais imaginé que le ministère voulait assurer la sécurité de l'écrivain. Apparemment, il servait surtout d'appât !

— Exact, a avoué Fred. Mais voilà : les

auteurs de l'attentat étaient au courant de votre présence en tête du train. L'info leur est donc parvenue. Vous avez évoqué votre voyage devant quelqu'un. Qui ? En principe, vous devriez vous présenter à la police ou à la gendarmerie et témoigner.

L'écrivain approuva, il commençait à comprendre. Fred a ajouté :

— J'aurais dû révéler que vous étiez ici. Je crois que vous auriez peu apprécié... Venir vous interroger m'a semblé plus discret.

—Vous avez agi avec tact et je vous en remercie.

— Personne ne m'a suivi, a affirmé Fred. Nul ne sait où vous êtes. Sauf, bien sûr, les personnes présentes.

Le regard circulaire de Fred s'est arrêté sur mon père qui a déclaré :

— Je vous ai donné ma parole.

Bien sûr... pendant trois heures, Fred et lui avaient eu le temps de faire connaissance !

L'écrivain réfléchissait. De façon intense.

Je suivais malgré moi le fil de ses pensées. Doutait-il de la sincérité de Nelly et de sa mère ? Non, il réfléchissait à voix haute.

— Les amis qui savaient que je me rendrais à Bordeaux ignoraient quand je viendrais, et par quel moyen.

— Les terroristes savaient que vous seriez dans la voiture 18 ! a précisé Fred. Quand vous avez acheté votre billet...

— C'est mon éditeur qui s'en est chargé.

— Ramier-Riom ? À Paris ?

— Oui. Céline Ramier-Riom m'a fourni les billets. S'il y a eu indiscrétion ou imprudence, c'est là qu'il faut chercher*.

— Parfait. Ce renseignement est capital. Je vous remercie.

Fred semblait plus que satisfait : soulagé.

— Je transmets l'info à mes services et je ne vous dérange plus, c'est promis.

Au même instant, il m'a regardée. Comme pour me dire : *Et c'est bien dommage Emma, parce que je n'étais pas fâché de te revoir.*

— Eh bien il me reste à vous remercier, madame.

Au lieu de saisir la main que Fred lui tendait, mamy a demandé :

— Attendez, vous repartez ?

— Bien sûr.

— Maintenant ? Sur Paris ?

J'ai réalisé qu'il avait parcouru six cents kilomètres rien que pour... non : pour voir Nelson Rapur.

* Lire L'Attentat.

— Je ne peux pas vous héberger, a soupiré mamy. Mais au moins Fred, restez dîner ! Quand il y en a pour six...

J'ai été la seule à deviner l'exaspération de Nelson. Il ne devait pas être ravi d'avoir Fred sur le dos une ou deux heures encore.

Notre invité imprévu s'est tourné vers moi.

Et je devais sourire car il a accepté. Comme je suivais mamy qui regagnait sa cuisine, elle m'a glissé à voix basse :

— Ce garçon est charmant ! Très vieille France ! Tu sais que son père est diplomate ?

— Non. On n'a pas eu l'occasion de parler beaucoup ensemble.

— Eh bien ce soir, vous pourrez.

Elle s'était arrangée pour que je sois assise à table entre mon père et Fred. J'étais accaparée autant par l'un que par l'autre.

— La banque m'a proposé un poste à Libourne, m'a expliqué papa. J'ai voulu rencontrer le responsable de l'agence. Comme rien n'est décidé, je n'en ai pas parlé à ta mère.

— Un poste à Libourne ? Quel hasard !

— Non. Le mois dernier, j'avais postulé pour les villes de la région : Bergerac, Périgueux... à cause de mes parents, tu comprends ?

Non, je comprenais mal. Et je l'ai dit franchement.

— Je pensais... j'étais sûre que maman et toi, vous alliez vous séparer !

Il a paru embarrassé ; envisageait-il de déménager seul ? Non, il savait comme moi que ma mère ne se plaisait plus dans le collège où elle enseignait. Elle retardait sa mutation à cause de moi.

J'ai glissé à Fred :

— Tu as une voiture de millionnaire ! Et un chauffeur je suppose ? Parce qu'avec ta jambe...

— Ne rêve pas, c'est le véhicule de fonction de mon père ! Et il a une boîte automatique.

Au dessert, un portable inconnu s'est mis à sonner.

— Désolé, a dit Fred en se levant. Vous permettez ?

Il est sorti dans le jardin avec son smartphone et est rentré dix minutes plus tard. En revenant s'asseoir, il semblait si préoccupé que le silence s'est fait peu à peu. De temps à autre, il lorgnait vers Nelson Rapur qui, excédé, s'est écrié :

— Eh bien Fred, si vous nous expliquiez ce qui se passe ? Vous avez une nouvelle qui me concerne ? Allez, videz votre sac !

— Une prise d'otages a eu lieu en fin d'après-midi. Un car de jeunes filles. C'est arrivé non loin d'ici. Et les Vengeurs de Dieu viennent de le revendiquer.... Voilà, c'est l'info que le ministère vient de m'annoncer.

Dans la salle à manger, un silence de mort a plané. Plus personne n'osait achever son dessert. Pas même Fred qui gardait la tête baissée. Nelson Rapur a alors déclaré :

— Vous ne nous dites pas tout. Je devine la suite. Je connais les mœurs de ces terroristes... Allez, Fred, dites-le, on finira par le savoir ! Il y a une demande de rançon, n'est-ce pas ?

Fred a approuvé sans répondre. C'est l'écrivain qui a complété, et ce n'était même pas une question :

— Et la monnaie d'échange, le prix qu'ils demandent pour rendre la liberté à leurs otages... c'est moi.

Chapitre 18

— C'est exact, a murmuré Fred en prenant les convives à témoin. Je suis désolé. Je me demande comment ils ont pu...

— C'est pourtant facile ! a expliqué calmement Nelson. En apprenant l'attentat, les Vengeurs de Dieu ont été stupéfaits. Et vexés ! Quelqu'un avait pris l'initiative à leur place.

— Et sachant que vous aviez été transféré à l'hôpital de Libourne, a complété Fred, ils ont accouru pour vous achever.

— Cette prise d'otages, où a-t-elle eu lieu ?

— Entre Périgueux et Bergerac. À 17 h 30. Il y a... cinq heures.

— Quand la radio a annoncé que j'avais quitté l'hôpital et qu'ils avaient été dupés, ils ont dû être très contrariés. Il fallait qu'ils rattrapent le coup. Vous connaissez leurs revendications ?

— Les infos nous l'apprendront. Les journalistes en savent souvent davantage que les autorités.

— Vous permettez ? a dit papy en se levant pour allumer la télé.

Il a zappé sur plusieurs chaînes d'info et il est tombé sur un paysage familier : l'aéroport de Bergerac-Roumanière. Au premier plan, la caméra explorait la carcasse fumante d'un autocar sur un chemin de campagne.

« C'est vers 19 heures qu'a été signalée, entre Monbazillac et Saint-Nexans, la présence de ce véhicule en flammes. Il transportait trente-huit élèves de l'institution Saint-Joseph, un collège privé de la région parisienne, ainsi que cinq accompagnatrices, dont deux religieuses de l'établissement. Le corps du chauffeur a été retrouvé mort à côté du car, abattu de plusieurs balles... »

J'ai vu Nelson pâlir puis se saisir la tête dans les mains. Sur l'écran, le journaliste a annoncé sur le ton du bulletin météo :

« Cette prise d'otages a été revendiquée par les Vengeurs de Dieu. Ils affirment que si Nelson Rapur ne se présente pas à l'aéroport de Mossoul avant le 8 juillet au soir, les élèves et leurs accompagnatrices seront converties à l'islam et mariées à leurs ravisseurs.

On sait qu'après avoir échappé à l'attentat du TGV jeudi dernier, l'écrivain a quitté l'hôpital et disparu. Comment réagira-t-il à cet ultimatum ? »

Papy a baissé le son et j'ai trouvé ça maladroit. Parce que Nelson semblait devoir répondre à la question.

Mon père a été le premier à réagir :

— C'est un chantage odieux ! J'espère, monsieur Rapur, que vous n'y céderez pas.

Fred, lui, n'avait pas bougé. Il devait connaître les revendications des Vengeurs de Dieu mais avait préféré attendre l'annonce officielle. Ça n'avait pas tardé.

— Monsieur Dufay, a murmuré Nelson, je suis déjà responsable de la mort de dix-sept passagers.

— C'est faux, a assuré Fred. Les terroristes ne sont pas les auteurs de l'attentat.

— Ils ont exécuté le chauffeur du car. Et ils détiennent quarante-trois otages. Leur vie dépend de moi.

— Si vous leur obéissez, qui vous prouve qu'ils les relâcheront ? a objecté papy.

Fred a hoché la tête, c'était peut-être un marché de dupes !

— Nous sommes le samedi 5 juillet, a commencé Fred.

— Et il est déjà 23 heures, a ajouté Nelson.

J'ai trois jours pour me rendre à Mossoul. Et trouver un avion qui accepte de s'y poser. Pas évident, cette région de l'Irak est contrôlée par les intégristes.

— Partir serait une erreur ! a protesté Fred. Les preneurs d'otages prolongent toujours leurs délais. Nous devons gagner du temps.

— Nous ? Dois-je comprendre que je suis sous votre garde ? Que je dois obéir aux instructions que le ministère vous donne ? Suis-je votre prisonnier ? Votre otage, moi aussi ?

— Non... mais on peut espérer que la police va retrouver la trace de ces jeunes filles. Intervenir, les sauver !

— Le ministère vous a dit qu'il était sur leur piste ?

— Non. Ce n'est plus de son ressort. Je suppose que la police et la gendarmerie sont en train d'enquêter.

J'ai réalisé que cette prise d'otages avait eu lieu à vingt kilomètres de chez nous. J'ai même dû faire cette réflexion à mi-voix puisque Fred a poursuivi :

— C'est normal. Hier, les Vengeurs de Dieu étaient à l'affût autour de l'hôpital. Quand ils ont su que Nelson n'y était plus, ils ont été dépités et ont improvisé.

— Comment ont-ils appris l'existence de ce car du collège Saint-Joseph ? a demandé mon grand-père.

— On l'ignore. Ces collégiennes devaient rejoindre un monastère de sœurs maristes près de Villeneuve-sur-Lot. Leur car s'est trouvé au mauvais endroit, au mauvais moment.

— Attendez, s'est écrié papy. Arraisonner un car entier, ça n'a pas pu passer inaperçu ! S'il a brûlé, il a fallu que les terroristes transfèrent les collégiennes ! Comment s'y sont-ils pris ?

— Je l'ignore, monsieur Dufay. Mais vous avez raison. La police explore sûrement cette piste. Voilà pourquoi il serait prématuré de... Excusez-moi.

Le smartphone de Fred s'était remis à sonner. Il a décroché et a quitté la table pour aller répondre sur le perron.

Aminata s'est serrée contre moi.

— Tu vois que je ne suis pas à plaindre, Emma ! Le sort de ces otages est pire que le mien.

Fred est venu nous rejoindre à table et il a devancé nos questions.

— Non. Aucune nouvelle des otages et de ceux qui les détiennent.

— Je suppose qu'on vous a demandé si vous

ne m'aviez pas perdu de vue ? a dit Nelson en souriant tristement.

— Euh... en effet.

— Et on vous a recommandé de ne pas perdre ma piste ?

Fred a rougi sans répondre, et Nelson nous a expliqué :

— Comme le ministère ne peut pas débusquer les chasseurs, il veut garder le gibier en vue. Sauf que je refuse d'être un appât. Je réclame ma liberté d'action.

Eh oui : si Rapur se rendait, la trace des terroristes serait perdue.

— Vous l'avez, a déclaré Fred à voix basse. Je vais partir et dormir à l'hôtel. Demain matin, j'avertirai mes supérieurs que vous avez disparu dans la nuit. J'en prends la responsabilité. Madame Dufay ? Je vous remercie de m'avoir accueilli.

— Attendez-moi ! a lancé mon père en quittant la table à son tour. Moi aussi je vais dormir à l'hôtel, et j'en connais plusieurs à quelques kilomètres d'ici.

Chapitre 19

Ce dimanche-là, je me suis réveillée la première. J'ai enjambé Aminata qui a aussitôt ouvert un œil.

— Emma ? S'il te plaît, attends-moi !

À 8 heures, la maison baignait dans le silence et le soleil. À la cuisine, on a pourtant trouvé papy et mamy attablés avec un homme corpulent ; en me voyant, il m'a lancé :

— Eh bien Emma, tu ne me fais plus la bise ?

— Oh ! Gérard… sans votre uniforme, je ne vous avais pas reconnu !

Aminata a eu un mouvement de recul, et le commandant l'a interpellée.

— Alors c'est toi, l'« invitée » ? Rassure-toi, aujourd'hui je suis de repos. Faites comme si je n'étais pas là, les filles !

En réalité, c'est Gérard qui nous a ignorées. Tandis qu'on s'asseyait à la même table que les deux hommes et que mamy nous servait le café, papy a repris à voix basse :

— Tu me parlais de la reconstitution... ?

— Le car a été vu pour la dernière fois à 17 h 20 par des touristes hollandais : ils stationnaient à côté de lui, sur un parking, quinze kilomètres avant Bergerac.

— L'aire de repos de la forêt de Monclar, sur la N 21 ?

— Oui. D'après le médecin légiste, le chauffeur a été abattu entre 17 h 30 et 18 heures. La prise d'otages a sûrement eu lieu à cet endroit, après le départ des Hollandais.

— Incroyable ! Comment ça a pu se passer ?

— On pense que les terroristes ont surgi sur le parking avec plusieurs véhicules. À moins que l'un d'eux ait conduit le car sur cette route voisine de l'aéroport. Le transfert des collégiennes a pu se faire là-bas. Comment savoir ?

— Attends, Gérard... Il fallait dix voitures !

— Non. On a pu les entasser dans deux ou trois camionnettes. Ou un camion. Si tu savais combien de clandestins tiennent dans une fourgonnette !

J'ai vu Aminata pâlir, c'étaient de méchants souvenirs.

— Et si les terroristes les avaient évacuées en avion ?

— Exclu. Aucun décollage à cette heure. Le personnel et les caméras n'ont noté aucun mouvement suspect. Tu sais, Roumanière, ce n'est pas Roissy !

— Justement Gérard : quarante-trois personnes, ça ne peut pas s'évanouir dans la nature ! On doit forcément...

— Eh bien non. Repérer quarante otages dans le désert, c'est faisable. On déniche les présences humaines avec des drones et des caméras infrarouges. Mais le Périgord est très habité. Surtout en juillet. Jusqu'ici, les photos satellite n'ont rien révélé.

— Bon sang... Il y a des caméras vidéo ou des radars aux environs de Bergerac ?

— Aucune n'a noté le passage du car, il a dû contourner la ville.

— La gendarmerie ne peut pas identifier les fourgons et les camping-cars qui ont circulé aux environs, hier soir ?

— Tu rêves, c'est mission impossible.

— Alors les ravisseurs sont déjà loin ?

— En tout cas, ils sont sûrs d'eux. Leur ultimatum est tombé très vite, comme s'ils avaient mis leurs prisonnières à l'abri.

— Et ces fameux SMS envoyés par deux collégiennes ?

— Une piste inutilisable, hélas ! Ils ont été transférés à 18 h 27 et 18 h 28 par le relais de Monbazillac. Pas étonnant, puisque le car a été retrouvé à six kilomètres de là. Ces filles ont eu la présence d'esprit de signaler leur présence à cet endroit.

— Les ravisseurs ne leur avaient pas confisqué leurs portables ?

— Si, sans doute. Mais elles ont dû désobéir. Quand ils se sont rendu compte qu'elles pianotaient, elles n'avaient pu noter que quelques lettres.

— Lesquelles ?

— Le mot love, envoyé par une fille à ses parents. L'autre SMS comporte six consonnes et une voyelle. Un truc incohérent que la gamine a relayé à cent vingt correspondants.

— Cent vingt ? s'est écrié papy, incrédule.

— Oui. Elle a appuyé sur la touche qui permet d'envoyer un texto à tous ceux qui figurent sur le carnet d'adresses.

— Et ça ne vous fournit aucun indice ?

Gérard a soupiré.

— Si. Un horaire, un lieu et un soupçon : vers 18 h 30, deux otages se trouvaient près de

Monbazillac. Et l'envoi hâtif de leurs SMS nous fait craindre le pire...

Gérard suggérait un scénario qui ne m'avait pas effleurée : les captives avaient pu être exécutées !

Soudain, le smartphone de Gérard a sonné. Il a jeté un coup d'œil sur l'écran et bu d'un trait le reste de son café.

— Bon, je dois rejoindre la brigade. Je crois que ma journée de repos est reportée !

Aminata et moi finissions de déjeuner ; Gérard nous a adressé un signe et il est sorti. Deux secondes plus tard, Nelson a surgi.

— J'ai préféré attendre le départ de votre hôte... inutile de lui révéler que sa monnaie d'échange est ici. Bonjour !

— Vous avez bien dormi ? a demandé papy.

— Peu. J'ai écrit. Votre maison est un refuge inespéré. Et propice à l'inspiration malgré ces heures dramatiques.

— C'est vrai, moi aussi c'est ici que j'écris le mieux, ai-je confirmé en rougissant aussitôt de cette comparaison prétentieuse.

— Emma sait de quoi elle parle, a assuré Nelson. Son récit est une réussite. Et je ne te demande pas, Emma, si tu l'as écrit seule !

J'ai ri.

— Ma mère m'a plutôt découragée. Jamais elle n'aurait cru que je serais un jour éditée !

— Et toi au moins, tu mets en pratique ce que tu écris.

— Comment ça ?

Il a désigné ma voisine.

— Pour venir en aide à Aminata, il t'a fallu du cran. Et pas mal de bons sentiments. C'est bien le sens de ton histoire, non ?

L'écrivain avait lu entre mes lignes, son compliment m'a touchée.

— Aussi, Emma, je te fais la proposition que je destinais à Nelly. J'aimerais que tu livres un récit inédit à *Jeunes écrits*.

C'était inespéré. Voyant ma mine stupéfaite, il a précisé :

— C'est une commande ferme ! Tu vas l'honorer ? À moins que tu ne sois à court d'idées ?

— Ce ne sont pas les idées qui me manquent, monsieur Rapur, c'est le temps.

— Les récents événements sont des sujets tout trouvés, non ?

— Oui. Mais j'ai peur de dévoiler de bons sentiments. Il paraît...

— Qu'on ne fait pas de bonne littérature avec de bons sentiments ? Je n'en suis pas certain. Ce qui est sûr, c'est que de mauvais sentiments ne font pas forcément de la bonne littérature.

— Ma mère dit qu'il ne faut pas écrire pour défendre une cause.

— Quand on écrit, Emma, on se livre. Et on se délivre. Vois-tu, depuis que la littérature existe, les auteurs s'engagent. Pour le meilleur ou pour le pire. Dickens a défendu la cause des enfants, Hugo la cause du peuple, Simone Weil celle des exploités. Simone de Beauvoir la cause des femmes.

À cet instant, mon père est arrivé. Resté au seuil de la cuisine, il a fait signe à ses parents de ne rien dire. Il ne voulait pas interrompre Nelson qui ne l'avait pas vu et dont le front s'était assombri ; Nelson qui poursuivait, comme dans un rêve éveillé :

— Et les femmes ont toujours été les oubliées de l'histoire ! Votre poète Aragon a dit que *l'avenir de l'homme est la femme**. Je le crois ; mais hélas, on en est encore loin. Les femmes restent d'éternelles opprimées. Les Vengeurs de Dieu n'ont rien inventé, le viol est une arme de guerre.

* Dans *Le Fou d'Elsa* (1963). Plus tard, le chanteur Jean Ferrat en a inversé les termes : « *La femme est l'avenir de l'homme.* »

— Cependant, a objecté papy, des progrès ont été accomplis ?

Au fond de la cuisine, j'ai vu mamy sourire. Nelson a suivi mon regard et j'ai cru deviner ses pensées. Depuis trois jours, elle était là, discrète et efficace. Pendant que les hommes théorisaient, elle assurait l'intendance. En silence.

— Certes, a admis Nelson. Pourtant, ce sont les hommes qui font encore les lois. Songez à ces mères infanticides, à celles qui abandonnent leurs enfants ou sont accusées de n'avoir pas su les éduquer. Avant de les condamner, j'aimerais voir les papas. Où étaient-ils quand leur enfant est né, quand il a grandi ?

Mon père, justement, était là. Pour une fois. Et il a pâli.

Le long silence qui a suivi a été interrompu par Aminata.

— Emma ? Je crois que ton portable sonne !

J'ai bondi hors de la cuisine pour monter dans ma chambre.

Trop tard.

Mais j'avais un message. De Nelly Ransart.

Appelle-moi dès que tu es réveillée.

J'ai peut-être du neuf.

Chapitre 20

Je suis descendue pour utiliser la ligne fixe et c'est Mme Ransart qui a décroché.

— Bonjour Emma ! Je vous passe ma fille.

Une seconde plus tard, Nelly me demandait :

— Tu es au courant de cette prise d'otages ?

— Bien sûr !

J'ai failli prétendre que j'en savais plus qu'elle à ce sujet mais je n'en ai pas eu le temps.

— Nelson Rapur est encore chez toi ?

— Oui. Aminata aussi. Pourquoi ?

— Écoute... hier soir, j'ai reçu une douzaine de SMS.

Douze SMS dans la soirée ! Moi, j'en recevais trois par jour. D'Océane, toujours.

— L'un d'eux ne voulait rien dire, j'ai cru que

c'était une erreur. Mais cette nuit, je me suis réveillée en sursaut, j'étais sûre d'avoir laissé échapper un truc important. J'ai vérifié le SMS que j'avais failli éliminer. La fille qui me l'a envoyé pourrait être l'une des otages.

— Qu'est-ce que tu dis ?

— Je ne peux pas être sûre, Emma. Il vient de Marie Lafaurie.

— Et tu la connais ?

— Pas vraiment, je ne l'ai jamais vue. Elle fait partie de mes amies Facebook.

Je me suis souvenue que Nelly avait plein d'amis virtuels.

— Il y a un an, on a échangé nos numéros. On a dû s'écrire deux ou trois textos puis plus rien. Cette nuit, j'ai vérifié : Marie vit en banlieue parisienne. Et elle fréquente un lycée Saint-Joseph !

— Nelly ? Ce texto, elle te l'a envoyé à 18 h 28 ?

— À 18 h 27 ! Attends… comment tu peux savoir ça ?...

— Et il comporte six consonnes et une voyelle ?

Un silence a marqué sa stupéfaction. Puis :

— Tu as reçu le même, Emma ?

— Non. Mais je sais qu'il a été émis à cent vingt exemplaires. Et que toutes les polices de France essaient de le décoder... tu y es arrivée ?

— Non. Mais quelque chose me dit qu'il a un sens.

— Ces consonnes, cette voyelle... qu'est-ce que c'est ?

— *Ltpg gri*. Avec un blanc entre *ltpg* et *gri*. Tu as noté ?

— Oui. Mais ça ne me dit rien, Nelly ! *Gri*, ça peut être le début d'un mot. D'un nom. Et il y en a beaucoup qui...

— Oui. Soixante mots. Et soixante noms propres. Je veux dire : soixante noms de communes en France qui commencent par *Gri*.

Nelly avait dû passer le reste de la nuit à plancher là-dessus !

— Moi, a-t-elle dit, ce n'est pas *gri* qui me rappelle un souvenir. Ce sont les consonnes *ltpg*.

— Tu as regardé sur Internet ?

— Bien sûr. Ce sont les initiales d'un club d'échecs dans la banlieue d'Orléans.

De Bergerac à Orléans, il y a cinq cents kilomètres. Un trajet difficile à effectuer en une heure. Sauf en avion... mais aucun n'avait décollé de l'aéroport.

— Écoute, Nelly. Je vais y réfléchir. C'est une piste. Tu en as parlé à ta mère ? Elle écoute notre conversation ?

Nelly a ri.

— Non. Elle m'a laissée seule. Tu sais, votre visite d'hier a été salutaire. J'ai eu une grosse discussion avec ma mère et on a mis pas mal de choses au point. Tu salues Nelson Rapur de ma part ? Tu embrasses Aminata ?

Justement, elle m'avait retrouvée dans le séjour. Je lui ai demandé si *ltpg* lui évoquait quelque chose.

— Euh... à première vue, rien.

Alors j'ai songé à Océane. Pas question de me perdre en détails. Je lui ai envoyé un bref SMS : *« ltpg », ça te fait penser à quoi ?*

Papy nous a rejointes et je l'ai prié d'appeler Gérard.

— Tu veux lui parler, Emma ?

— Pas vraiment. Pose-lui la question : l'otage qui a envoyé le texto incohérent, est-ce Marie Lafaurie ?

Perplexe, papy s'est exécuté.

La conversation a été brève ; il a raccroché et, très fier, s'est tourné vers Aminata et moi.

— Gérard n'en revient pas ! Il confirme : c'est bien une Marie Lafaurie qui a envoyé ce SMS. Et dans sa brigade, on se demande comment tu as pu le savoir !

J'avais encore mon portable en main quand il a sonné de nouveau. C'était Océane. Déjà ! Elle avait réagi au quart de tour.

— Emma ? J'ai la réponse à ton texto ! Avant de me l'envoyer, tu aurais dû consulter Internet.

Mon cœur s'est mis à battre plus fort. J'ai menti :

— On l'a fait. C'est un club d'échecs d'une banlieue d'Orléans, non ?

— Entre autres, oui. Tu sais que le sigle *LTPG* signifie *La tour, prends garde* ?

Dans mon esprit, l'expression a fait tilt. Océane poursuivait :

— C'est aussi le nom d'un programme informatique imaginaire. Celui d'un roman que la prof de français nous a fait lire en quatrième. *LTPG* est un jeu qui met en scène un château dans le Périgord. Dans les souterrains, on doit y découvrir un trésor.

Exact. À présent, je m'en souvenais. Mais le nom du château m'échappait. Océane me l'a rappelé :

— Ce château, c'est Grimoire.

Chapitre 21

— Le château de Grimoire ! ai-je répété à voix haute.

Aminata a réagi aussitôt :

— Grimoire ? Oui, j'y suis. C'est dans un roman policier !

— Tu l'as lu, toi aussi ?

— Non. Mais en quatrième, on a étudié la structure du polar avec des extraits dans notre manuel. Et on a vu la vidéo tirée du bouquin.

La vidéo ? Oui, je me souvenais que la prof nous l'avait montrée. J'avais alors reconnu le château du film puisqu'il se trouvait à vingt kilomètres du village de mes grands-parents.

Océane avait entendu ma question ; elle a répondu de son côté :

— Et comment, je l'ai lu ! Tu sais Emma, jusqu'ici, j'ai lu trois bouquins dans ma vie : *Candide, Germinal* et celui-ci. Alors tu penses que je m'en souviens ! Toi, tu en lis trois par semaine. Tu en as plein la tête, des bouquins !

Je n'ai pas réagi à ses reproches – ou à ses compliments. Je venais de faire le lien entre la prise d'otages et les lettres du SMS.

— Océane ? Grimoire n'existe pas ! L'auteur du roman a modifié le nom d'un vrai château qui...

— Je sais. Ce château, c'est celui de Bridoire. Il y a plein de liens sur Internet, va voir !

Dans la salle à manger, papy et Aminata, qui m'entouraient, essayaient de saisir le sens de mon échange avec Océane.

J'ai raccroché et tenté de reconstituer les faits :

— L'une des otages, Marie Lafaurie, a voulu révéler le lieu où elle se trouvait. C'est Bridoire !

— Doucement, a tempéré mon grand-père. Pourquoi Bridoire alors que le dernier mot du SMS est *gri* ?

— À cause du roman ! Cette fille ne sait pas que ce château s'appelle Bridoire.

Mon grand-père ne comprenait pas. Forcément, il n'avait pas lu le livre.

— C'est pourtant facile à reconstituer, papy !

Quand on a fait sortir les otages du véhicule, cette Marie Lafaurie a reconnu le château. Parce qu'elle avait lu le roman et vu la vidéo. Dans son esprit, ces lieux sont associés au jeu dont il est question dans le polar : *LTPG*. Et au château qui est la clé du récit : Grimoire !

Papy a essayé de me calmer.

— Rien ne prouve que c'est là que les otages sont détenus. Les terroristes ont pu y faire escale. Ou leur véhicule est passé devant, les horaires correspondent !

Il n'avait pas tort. Pourtant, une heure durant, deux captives n'avaient pas jugé utile de se servir de leur portable. Puis elles avaient agi ensemble. Au même moment. Elles avaient pris un risque – et s'étaient fait confisquer leur smartphone. Les terroristes avaient-ils vérifié le contenu de leur texto ? *Love et ltpg gri...* À leurs yeux, rien de compromettant. Et puis c'était trop tard.

— Papy ? Il faut prévenir ton ami Gérard !

Je me demandais pourquoi il hésitait.

— Il faudrait une preuve plus convaincante, Emma. Je doute que les otages soient à Bridoire ! Il y a dix ans, ce château était abandonné mais il a été racheté, réhabilité. Aujourd'hui, des touristes le visitent. Il est rempli de jeux moyenâgeux ; à cette heure, il doit être envahi par des dizaines d'enfants !

— Et alors ?

— Alors comment veux-tu que quarante-trois otages y soient cachés ? Je connais les propriétaires, ils ne peuvent pas être complices des Vengeurs de Dieu !

— Tu ne veux pas prévenir la gendarmerie ?

— Si. Mais avec des éléments concrets. Ce roman, tu l'as sous la main ?

— Non. Mais on en parle sur Internet. Attends... j'ai une meilleure idée. Je peux ?

J'ai saisi le combiné et appelé ma mère. Dimanche, 10 heures du matin... j'avais une chance de la trouver.

Bingo, elle a décroché !

— Maman ? C'est pour une urgence. Dis-moi, tu aurais dans ta bibliothèque un manuel de français de quatrième ? Un bouquin jaune qui doit avoir pour titre... *Textes et Regards* ?

Une minute après, elle avait le livre en main et me confirmait :

— Oui... il y a des extraits de ce polar de la page 42 à la page 59.

— Tu peux me les scanner ? Me les envoyer ici, au village ?

— Tout de suite ?

Il a fallu que je lui parle de la prise d'otages.

De la soirée de la veille. Stupéfaite, elle m'a fait répéter :

— Ton père ? Il est ici, chez tes grands-parents ?

— Oui. Il est arrivé hier soir.

— Seul ?

— Évidemment.

— Tu peux me le passer, Emma ?

J'ai tordu le cou et je l'ai aperçu, dans la cuisine, en conversation avec Nelson. Devant leurs bols, ils semblaient sympathiser. Voilà une heure qu'ils discutaient sans soupçonner ce que nous avions découvert.

— Écoute maman, je te rappelle cet après-midi, OK ?

Évoquer le projet d'emploi de papa à Libourne était prématuré, même si ma mère était plus obsédée par ses vieux problèmes perso que par la prise d'otage récente.

Une demi-heure plus tard, je recevais les documents joints et je les imprimais.

Papy nous a fait monter dans sa voiture, Aminata et moi.

Au moment où on s'apprêtait à partir, un véhicule a surgi dans l'allée.

Celui de Fred.

Chapitre 22

La limousine s'est rangée à côté de notre voiture et Fred en est sorti. Endimanché. Une tenue de circonstance.

Il nous a adressé un petit sourire.

— Bonjour ! J'imagine que Nelson est parti ?

— Non, jeune homme, il est encore ici, a répondu papy.

— À 11 heures du matin ? Bon, je repasserai.

— Voyez-vous, je ne suis pas sûr qu'il veuille nous quitter.

Devant sa mine interloquée, j'ai cru bon d'annoncer à Fred :

— Il y a du nouveau. Laisse ta voiture ici. Viens, monte avec moi à l'arrière, on t'emmène.

— Où ?

— À la gendarmerie !

***

Pendant le quart d'heure de trajet, je lui ai relaté les événements de la matinée. Il semblait dérouté.

— Tu sembles si sûre de toi, Emma... Non, ce livre, je ne le connais pas.

À la brigade, on a retrouvé le commandant Gérard. En uniforme. Ses collègues étaient partis enquêter dans les villages avoisinants et il assurait la permanence avec un jeune Gendarme Auxiliaire.

Je lui ai parlé de l'appel de Nelly, du texto ; et je lui ai mis sous le nez les documents que ma mère venait de m'envoyer.

En les parcourant, il fronçait les sourcils et hochait la tête.

— Eh bien merci, Emma. C'est très intéressant.

Il semblait plus troublé que mon grand-père.

— Qu'est-ce que vous allez faire, Gérard ?

— Mettre mes supérieurs au courant.

— Moi aussi, a dit Fred.

Devant l'étonnement du commandant, il a sorti sa carte du ministère et expliqué :

— Je suis chargé de veiller sur M. Rapur. Et cette prise d'otages concerne plutôt le GIPN ou le Raid.

— Bon, on ne va pas se battre. GIGN* ou GIPN, on ne sera pas de trop pour venir à bout du problème. Le temps est révolu où gendarmerie et police se faisaient concurrence.

Fred a saisi son smartphone, et le commandant nous a fait signe de patienter ; il a disparu dans le bureau attenant.

Il en est ressorti dix minutes plus tard avec un sourire crispé.

— Nos experts sont impressionnés d'avoir été devancés. En attendant l'arrivée de renforts, je suis chargé d'aller là-bas faire une reconnaissance discrète.

— Vraiment, Gérard, tu y crois ? a demandé mon grand-père.

— Oui. Cette piste est prise au sérieux. Et puis c'est la seule dont nous disposons, à part la surveillance renforcée de six ou sept suspects

* Le GIPN (Groupes d'intervention de la police nationale) et le Raid (Recherche assistance intervention dissuasion) dépendent de la police ; le GIGN (Groupes d'intervention de la gendarmerie nationale) dépend de la gendarmerie.

intégristes dans la région. Hier, dès que la disparition des passagers du car a été signalée, on a installé des barrages routiers. Donc les otages n'ont pas pu être transférés très loin. Or, Bridoire est à douze kilomètres au sud de Bergerac. Ça concorde.

— Mais tu sais que le château est habité, fréquenté ?

— Il y a des souterrains ! ai-je précisé.

Gérard a souri.

— Je sais. Je connais les lieux mieux que toi, Emma. À l'époque où Bridoire était abandonné, c'était un repaire de squatters et de drogués. On a été plus d'une fois les déloger.

— Il existe même un passage secret. On entre par une grotte ; et un tunnel aboutit dans le puits de la cour d'honneur.

— C'est vrai ! a confirmé Aminata. Dans le roman...

— Ici, on est dans la réalité, a grommelé Gérard.

— Et tu vas aller là-bas en uniforme ? s'est étonné papy. Avec ton Gendarme Auxiliaire ? Pas très futé ! Si l'un des terroristes s'est mêlé aux touristes pour faire le guet...

La remarque a fait réfléchir le commandant. J'ai saisi l'occasion.

— Gérard ? Si on y allait ensemble, papy, Aminata, Fred, moi... et vous, en costume de ville ? Comme si on allait visiter le château ! Ce serait plus discret qu'une estafette et deux gendarmes, non ?

— Bien vu, Emma. C'est une excellente idée.

★★★

Une demi-heure plus tard, la voiture de papy entrait dans le village de Ribagnac et s'engageait sur la petite route de Bridoire. Isolé sur son éperon rocheux, le château se dressait à trois kilomètres de là, au milieu de la forêt. C'était pour moi une image familière : celle qui figurait au générique de la dramatique télé qu'Océane et moi avions vue autrefois en classe. Et puis ces lieux, je les fréquentais chaque été.

Devant l'entrée du parc, le pré accueillait déjà une centaine de voitures. En été, les visiteurs étaient nombreux. Mais il n'y avait ni car, ni estafette.

On a fait la queue tous les cinq devant la guérite où un jeune employé vendait les billets. Papy lui a demandé :

— Bonjour, Vincent ! Ton père est là ?

— Oui, vous le trouverez dans la cuisine.

On a franchi le pont-levis pour entrer dans la

fameuse cour ; l'ancien puits avait été bouché. Là, devant l'orangerie, de nombreuses tentes abritaient des jeux d'adresse où des groupes d'enfants s'en donnaient à cœur joie. Plus loin, assis sur des bancs, des visiteurs grignotaient des sandwiches.

Il devait être 13 heures.

Le propriétaire se trouvait dans l'immense cuisine. Les touristes y admiraient les ustensiles en cuivre accrochés de chaque côté de la cheminée, si vaste qu'on aurait pu y faire rôtir un bœuf. Le châtelain, en short, tee-shirt et sandalettes, était occupé à tartiner du pain en compagnie de trois jeunes gens. Il a relevé la tête.

— Monsieur Dufay ! Et le commandant Gérard ! Eh bien, que me vaut le plaisir de cette visite ?

Le commandant l'a entraîné à l'écart.

— Tout va bien ? Pas d'incident ? Pas de visiteurs suspects ?

Ces questions incongrues étonnaient le châtelain. Je n'ai pas pu écouter le reste de la conversation parce que les deux hommes parlaient à voix trop basse. Fred et Aminata examinaient les lieux. Le château était vaste, et ils devaient chercher où quarante otages pouvaient être retenus.

— L'issue du puits ? grommelait le propriétaire en haussant les épaules. Il y a longtemps qu'elle a été bouchée !

— Et les souterrains, ai-je glissé, ils ne sont plus accessibles ?

— Si. Par l'intérieur du château. Ils nous servent de chambre froide. Comme vous le voyez, a-t-il expliqué en montrant les jambons et saucissons alignés sur la table, nous vendons des repas froids aux visiteurs. Et aujourd'hui...

Il a paru réfléchir avant de nous demander :

— Vous avez aperçu un car sur le parking ?

— Non, a assuré Gérard. Pourquoi ?

— Il y a un quart d'heure, on a fait face à une commande de trente plateaux-repas d'un coup. J'ai pensé qu'une colonie de vacances était arrivée. Ou un groupe. Attendez...

Il a pris son portable, joint son fils à l'accueil et nous a annoncé :

— Non, aucun car. À la billetterie, Vincent n'a vendu de tickets qu'à des familles et à des particuliers.

J'ai vu Gérard déglutir. Il commençait à y croire.

— Cette commande de trente plateaux, qui l'a faite, vous vous en souvenez ?

— Deux jeunes gens et une fille. Entre vingt

et vingt-cinq ans. Il s'agit peut-être de trois ou quatre familles qui...

J'ai interrompu le propriétaire du château. Je sentais qu'on était près du but.

— Les souterrains, ils étaient bien reliés à une grotte, autrefois ?

— Oui. Tu savais ça, Emma ? Il y a eu tant d'éboulements dans le tunnel que je l'ai fait boucher. Il faudrait des explosifs pour le dégager !

— Vous avez fait murer aussi l'entrée de la grotte ?

— Non. Mais elle n'a aucun intérêt spéléologique. Et pour y accéder, il faudrait débroussailler la forêt. Mais dis-moi... tu connais aussi l'existence de cette grotte ? Tu y es déjà entrée ?

— Jamais. Je ne savais même pas qu'elle existait pour de vrai. On en parle dans un roman policier.

— Cette grotte, a demandé Fred, vous pouvez nous dire où se trouve son entrée ?

Chapitre 23

En revenant au parking, Gérard a été récupérer ses jumelles dans la voiture. Et comme nous le suivions, il nous a ordonné :

— Pas question d'y aller en groupe. Attendez-moi ici.

— Je peux au moins vous accompagner jusqu'au ruisseau ? Moi, j'ai lu le livre, je pourrai vous indiquer le chemin !

Je lui ai emboîté le pas avant qu'il me réponde.

Après avoir contourné le mur d'enceinte, on est arrivés sur le petit pont de pierre qui enjambe la Gardonnette, le cours d'eau qui, à l'origine, devait jaillir de la fameuse grotte. Ici, la forêt devenait touffue. Mais à trente mètres de là, on a fini par repérer un semblant de sentier qui s'enfonçait sous bois.

Difficile d'imaginer que la veille, quarante ou cinquante personnes étaient passées par là...

— Bon. Cette fois Emma, tu m'attends.

Gérard a baissé la tête pour s'engager dans les taillis. Trois mètres plus loin, il avait disparu. Le silence m'a frappée. Il n'était rompu que par le gargouillis lointain du ruisseau et l'appel, intermittent et plaintif, d'un oiseau inconnu.

Soudain, une branche a craqué derrière moi ; j'ai sursauté.

— Pas de panique, a chuchoté Fred. C'est moi.

— Tu es fou ?

Il avait claudiqué jusque-là et a posé sa main sur mon épaule pour prendre appui. Cette intimité brutale m'a fait battre le cœur. Je me suis demandé de quoi j'avais peur. Lui et moi restions immobiles, accroupis, aux aguets.

Une minute après, Gérard a reparu. Avec, sur le visage, une grimace déçue.

— Accès impossible ! Des buissons d'épineux bloquent le passage. J'ai essayé de les contourner mais j'ai failli m'égarer. Aucune entrée de grotte en vue !

— Vous permettez, Gérard ? Je suis plus mince que vous.

Je lui ai pris les jumelles et me suis enfoncée

sous bois sans tenir compte de ses protestations. Hélas, il avait raison : vingt mètres plus loin, des bosquets de pyracanthas interdisaient tout passage. Ces plantes redoutables ont des épines et des branches serrées. Un obstacle infranchissable. Cependant, à dix pas de là, j'ai repéré un arbuste dont le tronc avait été scié. Il suffisait d'en saisir l'extrémité et de le tirer pour dégager l'accès.

Ce que j'ai fait sans me piquer.

— Astucieux... et la coupe semble récente.

J'ai entendu Gérard qui me rejoignait. Il m'a jeté à voix basse :

— Bien joué. Mais surtout, ne fais plus un pas. Et tais-toi.

Il m'a repris ses jumelles et s'est mis à ramper dans l'étroit boyau que j'avais dégagé. Pourtant, à présent, il aurait pu avancer debout. Je l'ai vu s'immobiliser à plat ventre. Il est resté longtemps ainsi avant de revenir à reculons. Puis il m'a fait signe de repartir en posant un doigt sur la bouche.

Nous avons retrouvé Fred sur le pont de la Gardonnette.

Là, Gérard a essuyé la sueur qui perlait sur son front. Il avait une expression victorieuse.

— Il y a bien l'entrée d'une grotte à vingt

mètres du buisson coupé ! Je ne me suis pas risqué plus loin parce que j'aurais été repéré.

— Quelqu'un fait le guet à l'entrée ? a demandé Fred.

— Mieux que ça : il y a une mini caméra. Je l'ai aperçue à temps, elle est fixée au-dessus de l'ouverture.

De retour à la voiture, il a appelé sa brigade pour demander au Gendarme Auxiliaire de service de nous rejoindre au château.

Dès que son jeune adjoint est arrivé, il lui a ordonné de faire le guet sur le parking.

— Si un individu sort de la forêt et apparaît sur le pont, tu m'appelles. Et tu attends les renforts.

***

— Ça va être une mission à haut risque, nous a expliqué Gérard quand on s'est tous retrouvés dans les locaux de la gendarmerie.

— En effet, a confirmé Fred. La grotte n'a qu'une issue. Si une équipe du GIGN entre en force, les terroristes ne se rendront pas, ils préféreront se faire sauter avec leurs prisonnières. Il n'y aura aucun survivant.

— Mais alors, ai-je murmuré, comment allez-vous faire ?

Gérard a haussé les épaules, il paraissait confiant.

— Les gens du GIGN ont l'habitude. On a localisé les otages ; crois-moi, ils n'en espéraient pas tant ! Et tout ça, grâce à toi, Emma.

— Non. Grâce à la présence d'esprit de Marie Lafaurie. Grâce à la technologie et... (j'ai réfléchi) Et grâce aux livres, aussi !

Chapitre 24

De retour à la maison, on a trouvé mamy, Nelson et mon père qui achevaient de déjeuner. Papy les avait appelés pour leur dire de ne pas nous attendre. Il leur a expliqué la série de découvertes de la matinée. L'écrivain n'en croyait pas ses oreilles. Au lieu d'être rassuré sur son sort, il semblait effondré.

— Pourvu que la police ne commette pas d'imprudence ! Il y a tant de vies en jeu... la mienne ne vaut pas si cher.

Assis à côté de Rapur, mon père a posé la main sur son épaule. Étrange. Une complicité inattendue paraissait s'être nouée entre eux. Je me suis demandé ce qu'ils avaient bien pu se dire pendant notre absence.

Après le repas, comme je ne voyais plus Fred, j'ai fini par le trouver dans la cuisine ; il essuyait la vaisselle en compagnie de mamy. J'ai eu la maladresse de m'écrier :

— Tu es encore là ?

— Eh oui, désolé. Ta grand-mère est trop discrète. Et drôlement gentille de gérer ses visiteurs imprévus. Tu es si pressée que je m'en aille ?

— Non. Je croyais que tu étais reparti à Paris.

— Sans te dire au revoir ? Non, Emma. J'ai deux consignes : attendre l'arrivée du Raid et ne pas lâcher Nelson Rapur d'une semelle. Puisque ton père veut rentrer, je vais prendre pension ici, ta grand-mère insiste pour que je dorme dans la chambre de tes parents. Moi, c'est un écrivain que je tiens en otage...

Mamy s'est retournée vers moi et j'ai cru lire dans son regard : *J'ai bien fait, non ? Moi, je le trouve sympathique, ce garçon...*

— Papa revient à Paris ?

Fred a confirmé, ravi. Moi, j'étais vexée. Mon père aurait pu me le dire avant lui.

***

— J'espère être chez nous avant minuit, m'a-t-il expliqué. Je vais faire plusieurs surprises à ta mère. Déjà, elle sera très étonnée de me voir arriver.

— Les autres surprises, c'est quoi ?

— J'accepte le poste à Libourne. Et on déménage ici tous les trois.

Ça, c'était de l'inédit ! Deux jours auparavant, il était question de séparation. Et ce soir... Bon, quelque chose d'imprévu s'était produit. Mais quoi ? Aujourd'hui encore, je n'ai que des soupçons...

Je me souviens avoir objecté :

— Ça veut dire que je vais quitter mon lycée ? Être séparée d'Océane ?

— Rien n'est fait, m'a assuré mon père en me serrant contre lui. Nous reparlerons de tout ça à tête reposée quand je reviendrai ici, en vacances, avec ta mère.

Ça aussi, c'était nouveau ! D'habitude, mes parents me déposaient chez mes grands-parents et venaient me rechercher un mois plus tard. Voilà des années qu'ils n'étaient pas restés plus de deux jours ici ensemble.

Après le dîner, on a suivi les infos mais elles n'ont livré aucun élément nouveau. Fred ne m'a pas quittée des yeux de la soirée, sauf pour consulter son smartphone.

— Si l'assaut est donné, m'avait-il confié, on m'avertira aussitôt.

Aminata m'a demandé si elle pouvait monter dans la chambre.

— J'aimerais me connecter sur Internet.

— Aucun problème ! Il est tard, je te rejoindrai bientôt.

Nelson Rapur a alors déclaré à mes grands-parents :

— Il me reste à vous remercier pour votre hospitalité. Je vous quitterai dès demain.

— Déjà ? s'est étonné papy. Mais où irez-vous ?

— À Mossoul pour me rendre, si les otages sont toujours prisonniers. Ou chez les amis qui m'attendent s'ils sont délivrés. C'est une question d'heures. Pour agir, les groupes d'intervention pourraient bien profiter de la nuit.

Il a eu un geste d'impuissance. Il n'allait pas beaucoup dormir...

En quittant Fred à la porte de sa chambre, je lui ai demandé de me prévenir s'il y avait du nouveau dans la nuit.

— Tu me vois frapper à ta porte à 2 heures du matin ? Non, Emma. Si je dois avertir quelqu'un, ce sera l'écrivain.

J'ai rejoint Aminata. Très émue, elle fixait l'écran de l'ordinateur.

— Du nouveau ?

— Oui. J'ai retrouvé Yaya. Sur Facebook.

Yaya ?... ah oui : le Mauritanien de terminale qui aimait Aminata et lui avait dit de se méfier !

— J'espère que je pourrai garder le contact avec lui.

— Aucun problème. À Paris comme ici, tu pourras te connecter.

— Mais... je ne vais pas rester chez toi, Emma !

— Comment ça ?

— Nelson veut m'emmener chez ses amis. Il ne vous l'a pas dit ?

Décidément, personne ne me tenait au courant !

Je savais que l'écrivain avait plusieurs jeunes filles sous sa protection. Quand on lui demandait pourquoi il ne les adoptait pas, il répliquait qu'il avait déjà deux filles. Et que les enfants qui lui prenaient le plus de temps... c'étaient ses romans !

Peu avant minuit, j'ai reçu un SMS de papa. Il était arrivé. J'ai répondu par retour ; trente secondes après, ma mère m'a appelée sur mon portable. Elle semblait bouleversée.

— On avait peur que tu dormes, Emma ! Oui, ton père est là. Il est revenu.

Revenu. Les mots sont étranges. Leur sens dépend du contexte et du ton avec lequel ils sont dits. Ce *revenu* avait la puissance de celui que prononçait Jacques Brel dans sa chanson *Mathilde*...

Maman et moi avons parlé longtemps. Si longtemps qu'Aminata s'est endormie. Quand j'ai raccroché, j'ai eu peur de ne pas pouvoir trouver le sommeil.

J'avais tort : je me suis écroulée comme une masse. Et je me souviens du rêve que j'ai fait, parce qu'il s'est confondu avec mon réveil...

Je me trouvais dans un trou, une caverne, un gouffre obscur... et je me débattais, prisonnière, incapable de me dégager. Soudain, au-dessus de moi, la lumière jaillissait.

Je savais que j'étais sauvée.

Je me suis redressée sur mon lit.

Il faisait jour. Ma chambre était inondée de soleil.

Chapitre 25

Dans le lointain, les cloches de l'église sonnaient à toute volée. J'y ai vu un heureux présage, même si je les entendais chaque matin, à la même heure, pour la messe.

Dans la cuisine, Aminata et Nelson Rapur prenaient leur petit déjeuner avec mes grands-parents.

— L'assaut n'a pas encore eu lieu, m'a informé l'écrivain. Ces cloches n'annoncent pas de libération. Mais j'aime leur sonorité joyeuse. Ailleurs, on salue le matin autrement. Les musulmans entendent le muezzin...

— Fred dort encore ?

— Non, m'a dit papy. Il était debout à 6 heures. Il est parti rejoindre le commandant Gérard à la brigade.

Donc l'assaut était imminent. Et Fred serait aux premières loges. Ma place n'était pas là-bas, mais je ne pouvais m'empêcher de visualiser la scène. Comment les assaillants s'y prendraient-ils pour progresser sans se faire voir ?

— Certains aspects de votre religion me touchent, poursuivait Nelson. Notamment la notion de pardon.

— Vraiment ? a fait mon grand-père. Si les terroristes sont tués, on ne les pleurera pas !

— Ce sont des jeunes gens ordinaires, monsieur Dufay. Ils ont été influencés, embrigadés, conditionnés. En réalité, nous le sommes tous. Par les amis, la publicité, la télévision... Chacun est sûr d'être maître de ses pensées, de ses décisions. Et d'avoir raison.

— La violence et la cruauté sont parfois indignes et impardonnables, a rétorqué papy. Pour pardonner il faut déjà que le coupable demande pardon. Et que l'offensé le lui accorde.

— S'il refuse, c'est dommage.

— Dommage pour le coupable ?

— Oui. Et aussi pour celui qui refuse de pardonner.

Nelson a vu que le sens de ce raisonnement m'échappait.

Pas grave, il suffit parfois de se souvenir des

phrases ; leur signification s'éclaire au fil de l'existence.

***

La matinée a coulé avec une lenteur exaspérante. Nelson s'était retranché dans sa chambre et Aminata dans la mienne. Quand elle n'était pas connectée sur Internet, son regard se faisait nostalgique et lointain. Revoyait-elle les chèvres gambader dans les collines de son enfance ?

Pendant le déjeuner, tendu, nous étions sur le qui-vive, en attente. Peu de mots ont été échangés.

C'est peu après 14 heures que le téléphone a sonné.

Papy a décroché et branché le haut-parleur.

— C'est Fred. Je vous appelle de Bridoire !

Il parlait avec un tel enthousiasme qu'on a tout de suite compris.

— C'est fini. L'assaut est terminé. Tout s'est passé sans bavure. Pas un mort. Deux terroristes ont été légèrement blessés.

— Combien étaient-ils ? a demandé mon grand-père.

— Cinq. Ils sont arrêtés.

On pouvait entendre en arrière-fond sonore

un étrange bruit de foule. Des appels, des cris... ceux des gendarmes mobiles qui clamaient des ordres, ceux des otages délivrées qui pleuraient ou laissaient éclater leur joie.

Fred nous a expliqué que les gens du Raid et du GIGN avaient encerclé les lieux et attendu qu'un des terroristes sorte. À 9 heures du matin, deux inconnus ont surgi de la grotte. Ils ont été récupérer une moto cachée dans la forêt et se sont rendus dans un hangar à tabac désaffecté ; il abritait les fourgonnettes qui avaient dû servir au transfert des otages. Ils ont emprunté l'un des véhicules pour aller au supermarché. Ils devaient juger imprudent d'acheter de nouveau trente plateaux-repas.

Les brigades ont agi quand les deux terroristes, chargés de provisions, écartaient le rideau d'épineux pour rejoindre leur cachette.

— Ils étaient attendus et ont été capturés en un éclair ! a assuré Fred. Deux gendarmes ont mis leurs vêtements et se sont avancés en portant les sacs à provisions. Sauf que cette fois, ceux-ci contenaient des armes et des bombes lacrymogènes. À peine étaient-ils entrés dans la caverne que le gros de la troupe s'est précipité à leur suite. Les trois ravisseurs qui faisaient le guet ont compris trop tard. Il y a eu un bref échange de coups de feu. Aucun n'a pu déclencher la mise à feu des bombes ; comme on le redoutait, ils en avaient placé au fond de la grotte. Les otages sont en état de choc, mais indemnes.

— On verra tout ça ce soir à la télé ? a demandé mon grand-père.

— Non. Vous pensez bien qu'on n'a pas convoqué la presse. Et les brigades avaient autre chose à faire que filmer leur intervention !

★★★

J'ai aussitôt appelé mes parents pour annoncer la bonne nouvelle. Puis Océane qui m'interrompait pour répéter : « Quelle aventure, Emma, mais quelle aventure ! »

Finalement, le départ de Nelson et d'Aminata a été reporté au lendemain.

Le soir, l'écrivain a insisté pour nous inviter tous au restaurant. Plus précisément dans une ferme-auberge gérée par des amis de mes grands-parents. Il a même appelé Nelly Ransart pour qu'elle fasse partie de la fête ; Fred et moi, on est allés la chercher à la gare de Bergerac où elle a débarqué du train… sans sa mère.

Elle aurait aimé que Marie Lafaurie soit avec nous. Après tout, c'était grâce à son SMS que les otages avaient été repérés. Mais la jeune fille était repartie avec ses parents, et on s'est contentés de l'avoir au bout du fil, à tour de rôle. Elle riait et pleurait, elle nous félicitait – mais c'est nous qui lui avons dit notre admiration pour son sang-froid.

Le soir, Aminata, Nelly et moi, on a dîné côte à côte. On s'est juré de ne jamais se perdre de vue. Et on a appelé Océane pour lui dire qu'elle ferait partie de notre groupe.

J'ai bien vu que Fred était jaloux. De sa place, entre mes grands-parents, il me guettait avec un regard de chien battu ; je crois qu'il s'ennuyait un peu.

À la fin du repas, Nelson s'est levé pour improviser un discours. Il a eu un mot gentil et un compliment pour chacune et chacun d'entre nous. Même pour mon père qui n'était pas là. Il a félicité le commandant Gérard et a rendu hommage à ceux qui avaient délivré les otages.

Fred n'a pas voulu dormir chez nous. Quand on s'est séparés, vers minuit, sur le perron de la maison, il m'a expliqué qu'il irait dans le même hôtel que l'avant-veille.

— Demain, je rentrerai à Paris. Je dirai à mes supérieurs que j'ai perdu la trace de l'écrivain. Ce qui sera la vérité. Ils ont déjà assez de grain à moudre avec les Vengeurs de Dieu que le GIGN a arrêtés.

— Donc, on ne se reverra plus ?

Au lieu de répondre, il m'a prise dans ses bras et m'a embrassée.

Oui, ça, je ne suis pas près de l'oublier.

★★★

Le lendemain, comme prévu, Nelson Rapur et Aminata nous ont quittés. Sans nous révéler où ils allaient.

Peu à peu, tous ceux qui avaient fait escale ici étaient partis : le commandant Gérard, mon père, Fred... C'était ce qui était prévu le matin de ce fameux jeudi 3 juillet.

En voyant la maison se vider, je sentais mon cœur se serrer.

Aminata a beaucoup pleuré en embrassant mes grands-parents, elle se confondait en remerciements. Elle a promis de me donner de ses nouvelles, j'en étais beaucoup moins sûre qu'elle. Nelson et Aminata étaient condamnés à voyager. À errer.

Quand on a un port d'attache, on ne connaît pas son bonheur.

En me serrant contre lui, Nelson m'a chuchoté une fois encore :

— N'oublie pas ce que je t'ai dit, Emma : écris.

— Je vais essayer. Peut-être commencer un roman ?

— Excellente idée. Essaie de raconter ce que tu viens de vivre.

Eh bien voilà, c'est ce que je fais. En m'interrogeant...

Je ne veux pas écrire pour relater des événements. Pas seulement. J'aimerais leur donner un sens.

Et le plus dur, c'est de conclure.

Épilogue

Papy est mort deux jours plus tard.

Mes parents venaient d'arriver en voiture ; mon père avait pris un congé prolongé à l'occasion du 14-Juillet. Mamy les attendait pour déjeuner. Quand je les ai accueillis, ma mère, bouleversée, s'est précipitée dans mes bras.

— Emma... ma petite Emma, comme je suis heureuse !

Un bonheur qui n'avait aucun rapport avec Aminata, mon récit publié, ma rencontre avec Rapur ou le sauvetage des otages...

Mon père était revenu. Un retour qui aurait été moins évident sans cet enchaînement d'événements.

Papy, lui, n'était pas encore descendu. Le matin,

il s'était senti fatigué et avait préféré attendre mes parents dans sa chambre.

Quand nous sommes tous montés pour lui annoncer leur arrivée, il était assis dans son fauteuil, en nage ; il suffoquait.

Mamy s'est précipitée vers lui, affolée. Elle a aussitôt compris.

— Mon Dieu, c'est une crise... un infarctus !

Papy a levé la main vers nous – vers mes parents et moi, dans un geste qui pouvait vouloir dire : *Ne faites plus rien, c'est trop tard !*

Il a fixé mes parents avec un étrange sourire. Je l'ai entendu dire :

— Mes enfants... vous êtes là, mes enfants !

Et il a fermé les yeux.

C'était fini.

***

Mamy et mon père ont trouvé les mots pour me consoler. Papy avait quatre-vingt-six ans, il se savait en sursis.

Il n'y a pas de belle mort ; mais certaines sont plus acceptables que d'autres.

Mamy, elle, m'a assuré que c'était dans l'ordre des choses.

Un moment, elle a envisagé la maison de

retraite. Mon père l'en a dissuadée. En accord avec ma mère qui changerait d'établissement, il travaillerait désormais à Libourne.

Et nous allions vivre ici.

Quand j'en ai averti Océane, elle a failli se révolter. Je l'ai convaincue que ce n'était pas grave, qu'on peut être loin l'un de l'autre et continuer à communiquer.

— Un jour, m'a dit mon père, cette maison sera à toi.

Je crois que la mort de son père lui faisait penser à la sienne. Mais son chagrin était tranquille et résigné. Lui qui depuis des mois avait le visage tourmenté semblait avoir retrouvé une imprévisible sérénité. Après réflexion, il a ajouté :

— À moins que je n'obéisse à un vœu de ton papy.

— Un vœu ?

— Oui. Quand Nelson Rapur était là, il envisageait de faire de cette maison un lieu d'accueil pour les écrivains.

Ce projet m'a touchée et troublée. D'une certaine façon, il avait déjà été mis en œuvre. Aujourd'hui, je prends la suite de Nelson.

Mais je ne serai pas écrivain. Je consacrerai ma vie à l'humanitaire. J'espère rejoindre un jour Médecins sans frontières.

Trois jours plus tard, papy a été incinéré.

On pensait que la cérémonie aurait lieu dans l'intimité ; mais au moment où le maire du village disait quelques mots, face à la niche du funérarium où les cendres venaient d'être déposées, j'ai senti une main sur mon épaule.

— Emma ? Désolée d'être en retard, ma chérie. Et de t'avoir désobéi. Mais je tenais à être là. Avec toi.

C'était Océane. Je n'en revenais pas. Je lui ai demandé comment elle avait fait le trajet de Paris jusqu'ici.

— En train. J'ai pris le TGV que tu as raté, celui de 8 h 46. La ligne a été rétablie. Mais il y a des travaux, le train est arrivé en retard.

— Et tu es descendue à Libourne ?

— Oui. J'étais attendue, Emma. On est venu me chercher.

Elle m'a invitée à me retourner. J'ai découvert, regroupés, Nelson Rapur, Aminata, Nelly Ransart et sa mère. Sa mère qui, m'a dit Nelly, avait insisté pour les conduire jusqu'ici.

J'étais étonnée, bouleversée. Je les ai tous embrassés en pleurant. Et pourtant, je n'étais pas triste.

Pas vraiment.

Dans ces moments-là, quand la foule vient

vous congratuler, on est si ému qu'on ne sait pas toujours très bien à qui appartient la main qu'on serre. Ni qui est celle ou celui qui vous embrasse.

— Ton grand-père, Emma, c'était quelqu'un de bien.

Cette voix m'était familière. Et aussi la revue *Jeunes écrits*. Elle était ouverte et pliée à la page où figurait mon récit. Sauf qu'on ne pouvait lire que la moitié du titre : Avec un peu d'amour.

Comment avait-il appris la mort de papy ?

Qu'importe. Il était là ; et il m'a prise dans ses bras.

C'était Fred.

Dans la même série
Avec un peu d'amour et beaucoup de chocolat

L'attentat
Emma veut devenir écrivain, mais elle a plusieurs destins... Ici elle prend le TGV de 8 h 46... Emma attrape de justesse le TGV de 8h46 pour Libourne. Son voisin est Nelson Rapur, un auteur condamné à mort par les « Vengeurs de Dieu ». Peu après Angoulême, le convoi heurte un camion tombé sur la voie... Cet attentat visait-il Rapur, comme le croit Fred, chargé de sa sécurité ? Emma enquête avec lui... et elle se retrouve au cœur d'un polar qui va changer le cours de sa vie !

L'écolo
Emma veut devenir écrivain, mais elle a plusieurs destins... Ici, elle rate le TGV de 8 H 46... Elle prend le train suivant et fait la connaissance de Marcus, un jeune écologiste militant dont elle tombe amoureuse. Grâce à lui, elle écrit pour une revue un récit dont le succès va la dépasser : adaptées en slam par une vedette de la télé, les paroles d'Emma deviennent un slogan international ! Marcus, lui, est parti en mission au bout du monde... pense-t-il encore à elle ?

Du même auteur, chez Oskar
L'amour pirate
1961-1962 : De Gaulle gouverne, la guerre d'Algérie s'intensifie ; et Christophe, 16 ans, aime Anne - une passion interdite ! Ce secret, il le confie à son journal intime, jusqu'au jour où...
Pas si simple, au début des Sixties, de défier l'autorité, gagner son indépendance et braver toutes les conventions ! Avec, pour décor, le Paris d'avant 68, cette confession d'un garçon révolté offre une réflexion sur l'ambiguïté des souvenirs, les pièges de l'écrit et le pouvoir des mots.

Sélection de titres publiés chez Oskar Éditeur
Pour plus d'informations, consultez notre site :
www.oskareditions.com

Clotilde Bernos
Fleur de béton
Azalée est une fleur de béton, elle a grandi dans la rue. « Abandonnée » par son père, la fillette et sa Ma Man deviennent SDF. La rue est désormais sa maison. Azalée raconte que chaque nouvelle journée dans la rue est une aventure, parfois drôle, parfois périlleuse. La fillette grandit entre marginalité et précarité, tout en rêvant à un avenir meilleur...

Roselyne Bertin
Buen Camino
Lorsque son père séparé lui a annoncé qu'il prenait la route de Saint-Jacques-de-Compostelle, Robin était loin de s'imaginer que sa mère Caroline lui emboîterait le pas pour le reconquérir en 1 600 kilomètres. Ce que le collégien savait encore moins, c'est que ses frère et sœur le chargeraient d'une importante mission : servir de garde du corps à Caroline. Pas plus que sa mère, Robin n'est préparé à affronter une si longue marche et son douloureux cortège de tendinites et d'ampoules aux pieds, mais la volonté donne des ailes, et ce voyage forcé lui réserve d'agréables surprises

Josette Chicheportiche
Une vie retrouvée
Pour oublier un chagrin d'amour, Gina part en vacances dans le Cantal. Là-bas, elle souhaite rencontrer sa grand-tante qu'elle ne connaît pas. Un mystérieux secret de famille entoure cette vieille femme et l'histoire de la famille de Gina. Elle sent que cette rencontre est primordiale, quitte à bouleverser sa vie et son regard sur le monde.

Gwladys Constant
Le Coup de kif
La vie de Karel, en classe de terminale littéraire, est chamboulée par l'arrivée du beau Lucas. L'adolescente n'a d'yeux que pour ce brillant lycéen... Reste à trouver les mots pour lui dire.

Mamie passe le Bac
Une grand-mère, Mady. Une mère, Magalie. Une ado, Maëlys. Trois générations, trois rapports à l'écriture, mais une seule préoccupation cette année-là : le bac de français ! Voilà les relations complètement bouleversées dans cette tribu de femmes qui ne manquent pas de caractère... Puisque, ce bac, mamie a décidé de le passer en même temps que sa petite fille !

Véronique Delamarre Bellégo
D'étranges nuits d'été
Elle est debout, seule sous la lune dans le jardin d'en face, elle porte une longue robe claire et tient un chat blanc dans ses bras. Bien caché derrière ses volets, Matthieu est invisible, pourtant il sait qu'elle le regarde. Ce soir-là il est seul, lui aussi, dans cette grande maison qu'il ne connaît pas. Les volets crépitent soudain sous les cailloux. Pour Matthieu, c'est le début d'une bien étrange nuit d'été.

Véronique Foz
Les ailes du papillon
Quand elle était petite, Élodie imaginait qu'elle était un super-héros. Depuis, elle a revu ses ambitions à la baisse et se contente de rêver à son prof de piano, le beau Karim. Mais lorsque celui-ci se fait poignarder devant le lycée, Élodie donne- rait n'importe quoi pour avoir les super-pouvoirs qu'elle s'inventait enfant. Et si... ? Si Élodie avait réellement la capacité de détourner le cours du destin ? Il suffit parfois d'un petit rien pour changer le monde.

Béatrice Guthart & Vicky Grjebine
J'aimerais juste être une fille comme les autres
1975. Sonia 14 ans adore danser, mais la guerre froide s'est immiscée dans sa famille : sa mère américaine déteste la danse classique, sa tante russe veut à tout prix faire d'elle une grande ballerine, son frère est jaloux et son père s'imagine que tout va bien. Au milieu de tout ce charivari, Sonia a du mal à trouver sa place et faire ses propres choix. Réussira-t-elle à tracer sa voie et à dire non à ceux qui veulent penser pour elle ?

Justine Jotham
L'héritage du clan Morgan
Béa, lycéenne de 16 ans, est orpheline et vit avec Violette, sa grand-mère archiviste. En fouillant dans de vieux cartons, elle découvre un mystérieux manuscrit. Il est tout ce qui lui reste de ses parents, journalistes tragiquement disparus, mais aussi – Béa le découvre – romanciers mondialement célèbres sous les noms de Bérénice et Titus Morgan. La jeune fille s'est trouvé une mission : aidée de son amie Tess, elle va achever le manuscrit, et faire revivre, envers et contre tout, la gloire des Morgan. Thèmes : littérature, édition, secret de famille

Valérie Lacroix
Gazaoui
Zohar a grandi à Jérusalem. Elle garde en elle les souvenirs de ses premières années là-bas, de la guerre entre les Palestiniens et les Israéliens. Maintenant, Zohar a grandi et vit à Lyon. La fougue de son âge la conduit vers l'amitié, les premiers émois amoureux avec Nico, et aussi peut-être, l'amour avec Ismail, un jeune palestinien. Mais s'il n'y pas la guerre en France, il y a malgré tout le racisme, et à cause de lui, les gens se battent quand même. Alors Nico et Ismail vont se battre, d'abord avec des mots, puis avec des gestes, jusqu'à l'accident...

Hervé Mestron

Bab el Love

Miloud, apprenti boxeur, a la tête ailleurs. Au collège français d'Alger, qu'il a intégré un peu par effraction, il fanfaronne pour donner le change, mais ses camarades ont depuis longtemps flairé le mytho, et même sa mère ne croit plus en lui. Pourtant, quand la belle Nada débarque de France, c'est un coup de tonnerre dans le ciel de Miloud. Il va lui prouver, à elle l'intello, qu'il a de l'or dans les mots comme dans les poings.

Maryvonne Rippert

Alabama blues

Lou a l'impression d'être transparent et à la maison, il ne trouve pas sa place. Un jour, il croise Dexter La Cie, musicien « apparemment » SDF. Cette rencontre va changer sa vie... Alabama blues est le premier livre qui permet l'écoute gratuite et intégrale, avec un smartphone, des chansons qui rythment sa lecture. La bande originale est signée par le groupe *Les Chics Types*.

Béatrice Rouer

Douze mois pour toi

Prudence, 13 ans, est toujours prête à aider ses amis. Aussi, quand elle apprend que Ludo, le frère de Clara, sa meilleure amie, atteint d'une leucémie, doit subir une greffe de moelle et passer plusieurs semaines en chambre stérile, son esprit créatif prend le dessus. Afin d'offrir un ordinateur portable à Ludo, Prudence et toute sa bande décident de réaliser et de vendre un calendrier quelque peu original...

Anne-Sophie Silvestre

Ma gare d'Austerlitz

Quand on a 15 ans et qu'on affronte une maladie grave, comme Georges, on se retrouve coincé à l'hôpital. Et quand cet hôpital est la Salpêtrière, à Paris, on a la gare d'Austerlitz pour voisine de chambre. Tous ces voyages, ces trains qui arrivent et s'en vont, ça n'est pas drôle quand on n'a pas le droit de partir. Cela peut même devenir lancinant. Jusqu'au jour où notre héros décide de se faire la malle, de sauter dans un train qui part. Mais qu'y a-t-il au bout de ces rails ?

Arthur Ténor
Les anges pleurent en silence
Confié par ses parents à une grand-mère qui le déteste, Rémi vit un calvaire feutré. Sans coups ni violence, seulement celle des silences et des mots. Les dents serrées, il supporte au jour le jour ces humiliations, persuadé que le collège aussi est un territoire hostile. Jusqu'au jour où Marie, une fille de sa classe, intello maigrichonne et virtuose du violon, perçoit son mal-être. Au-delà des apparences, elle est sans doute la seule à pouvoir comprendre la souffrance de Rémi.

Publié par Oskar éditeur
21, avenue de la Motte–Picquet
75007 Paris - France
Tél. : +33 (0)1 47 05 58 92
Fax : +33 (0)1 44 18 06 41
E–mail : oskar@oskareditions.com
Site Internet : www.oskareditions.com

Auteur : Christian Grenier
Graphisme : Jean-François Saada
Direction éditoriale : Françoise Hessel
Mise en page : David Lanzmann

ISBN : 979-10-214-0322-2
Dépôt légal : mars 2015
Imprimé en Europe
Loi n° 49–956 du 16 juillet 1949
sur les publications destinées à la jeunesse